U0448383

国家自然科学基金项目(编号：41522104)和广东省城市化与地理环境空间模拟重点实验室资助

地理学评论
（第七辑）
——众包、众筹、众创与城市规划管理

周素红　主编

商务印书馆
创于1897　The Commercial Press

图书在版编目(CIP)数据

地理学评论.第7辑/周素红主编.—北京:商务印书馆,2021
ISBN 978-7-100-17328-5

Ⅰ.①地… Ⅱ.①周… Ⅲ.①地理学—文集②人文地理学—文集 Ⅳ.①K90-53②K901-53

中国版本图书馆CIP数据核字(2019)第069734号

权利保留,侵权必究。

地理学评论(第七辑)
——众包、众筹、众创与城市规划管理
周素红 主编

商 务 印 书 馆 出 版
(北京王府井大街36号 邮政编码100710)
商 务 印 书 馆 发 行
北 京 冠 中 印 刷 厂 印 刷
ISBN 978-7-100-17328-5

2021年8月第1版　　开本 787×1092 1/16
2021年8月北京第1次印刷　印张 8½

定价:33.00元

目　录

引言 ··· (1)

第一部分　众包、众筹与众创的理念与规划管理 ·· (3)
众包、众筹与众创：规划管理的应对 ··· 周素红(5)
众包、众筹与众创背景下的规划与管理转型 ·· 罗　彦(9)
新背景下城市规划管理改革的思考 ·· 王晓东(12)
众包、众筹与众创背景下的个人利益与整体利益融合 ·· 吴宇哲(16)
城市建设的终极状态：个体参与城市建设 ··· 王　德(19)

第二部分　众包、众筹与众创的应用案例 ·· (21)
众规、众查与众监督下的规划师作为 ··· 袁　媛(23)
众创对社会创新、资源整合、经济与空间转型的影响 ·· 甄　峰(26)
众创空间与城市规划标准化研究 ·· 王建军(28)
众包、众筹与众创的深度案例解读 ·· 詹庆明(32)
众筹与众创的案例与建议 ··· 李　江(34)
众包、众筹与众创模式新尝试：上海城市设计联盟 ·· 石　崧(36)
公服设施布点规划的众创与众筹思维 ··· 黄　瓴(42)

第三部分　众包理念下的新型城市治理 ··· (43)
众包地理信息服务的兴起与发展 ··· 彭伊侬　周素红(45)
众包理念下的参与式新型城市治理 ··· 周素红　彭伊侬(55)
众包模式影响下的城市治理模式转型——以优步专车为例
　　·································· 龚晓霞　陈斐豪　方驰遥　江　璇　周金苗　周素红(65)
众包理念下的公众参与技术与方法：广州市番禺区城市扩张模拟为例
　　·· 周淑丽　陶海燕　文　萍　周素红(76)

第四部分　众创空间的发展与规划启示 ·· (89)
 众创空间的产生与发展 ·· 裴亚新　周素红(91)
 众创空间的非正式创新联系网络构建及规划应对 ············· 周素红　裴亚新(95)
 众创空间的发展及规划启示：深圳市案例 ···················· 裴亚新　周素红(104)
 创客空间入驻团队的联系网络特征及其影响 ·················· 裴亚新　周素红(113)

结语 ··· (127)

引　言

依托"大数据"与"互联网＋"的发展,"众包、众筹、众创"给城乡规划与管理带来新的理念、产生一系列新的城市现象、催生一系列新的研究问题与规划管理问题。相应地,海量时空数据的产生为传统的规划研究与规划效果评估带来新的数据源,推动新一轮规划技术革新;一系列新理念的涌现,也正成为社会经济组织模式转型的新动力,推动新一轮规划管理模式的转型。

为及时跟进本领域研究和规划实践进展,本书整理了2015年9月21日由中山大学地理科学与规划学院承办的2015中国城市规划年会"众包、众筹、众创:规划管理做什么"自由论坛的专家发言,并针对众包理念下的新型城市治理和众创空间的发展与规划启示两大主题,进行文献综述,开展案例研究。

本次论坛由中山大学地理科学与规划学院周素红教授主持,来自学界和业界的11位嘉宾(以姓氏笔画为序),包括同济大学王德教授、广州市城市规划勘测设计研究院副总规划师王建军高级工程师、北京清华同衡规划设计研究院王晓东副院长、上海市城市规划设计研究院总体规划编制中心总工程师石崧高级工程师、深圳市规划国土发展研究中心教授级高工李江所长、浙江大学土地管理系主任吴宇哲教授、中国城市规划设计研究院深圳分院总规划师罗彦高级规划师、中山大学地理科学与规划学院袁媛教授、重庆大学建筑规划学院黄瓴副教授、武汉大学城市设计学院副院长詹庆明教授、南京大学建筑与城市规划学院甄峰教授,以及近百名专家学者参加了研讨。

本论坛围绕新时期,特别是"大数据"与"互联网＋"背景下催生的"众包、众筹、众创"等新的理念给城乡规划与管理带来的机遇与挑战展开深入交流。内容涉及相关概念的辨析、"三众"所带来的新的规划编制和管理理念、催生的新的城市现象和问题;并结合现有的案例进行深入解读,总结和归纳已有案例的模式和具体表现,在规划实务方面提出一系列建设性的意见和建议。

本书在该论坛纪实的基础上,较系统地探讨了有关"众包、众筹、众创"等理念在规划领域的应用和展望,并提出了一系列值得进一步探讨的话题,以期对本领域相关政策制定和规划实务提供有益的借鉴。

第一部分

众包、众筹与众创的理念与规划管理

"众包""众筹""众创"等新理念的涌现,正成为社会经济组织模式转型的新动力,推动新一轮规划管理模式的转型。具体而言,"众包"理念催生了海量自下而上的公共服务个性化需求与新型的公众参与,给规划管理带来新的理念、机遇与挑战;"众筹"理念为规划建设及城市开发的运营管理带来新的可能;"众创"理念正催生新的创新网络与创新空间。如何有效地应用新理念、制定有效的规则、降低和规避潜在的风险是规划领域迫切需要解决的问题。本部分是 2015 中国城市规划年会"众包、众筹、众创:规划管理做什么"自由论坛专家发言的纪实。在该论坛中,专家们从顺应和应用"三众"理念,调适现有的规划管理思路、制定和调整规划标准与设计规范体系、优化公共服务配套和公共空间设计等城市建设管理模式、倡导新形势下的公众参与,以及构建新的项目组织联盟、规避潜在的风险等问题方面形成一系列的争论并达成一定的共识。本部分从众包、众筹与众创背景下城市规划管理的改革与应对,以及个人与整体利益的协调等角度展开探讨。

众包、众筹与众创:规划管理的应对

周素红

(中山大学地理科学与规划学院)

主持人:尊敬的各位嘉宾,各位代表,大家早上好,非常荣幸在此举行这场论坛。我是本场的主持人周素红,来自中山大学地理科学与规划学院。我简单介绍一下到会的嘉宾。参加论坛的有王德,中国城市规划学会国外城市规划学术委员会委员、同济大学教授。王建军,中国城市规划学会城市规划新技术应用学术委员会委员、广州市城市规划勘测设计研究院副总规划师、高级工程师。王晓东,北京清华同衡规划设计研究院副院长。李江,深圳市规划国土发展研究中心所长、教授级高工。石崧,上海市城市规划设计研究院总体规划编制中心总工程师、高级工程师。吴宇哲,浙江大学土地管理系主任、教授。罗彦,中国城市规划设计研究院深圳分院总规划师、高级规划师。袁媛,中国城市规划学会青年工作委员会委员、中山大学地理科学和规划学院副系主任、教授。黄瓴,重庆大学建筑城市规划学院副教授。詹庆明,武汉大学城市设计学院副院长、教授。甄峰,南京大学建筑与城市规划学院教授。

谢谢各位的到来,期待后面精彩的分享!众包、众筹和众创这几个词的内涵目前在学界和业界还没有完全形成共识,是比较新的,所以我想借助论坛把目前在城市规划领域里出现的这些新词进行深度的剖析,通过大家的头脑风暴理顺它们的关系,探讨进一步发展可能面临的问题。通过论坛抛砖引玉,把在学术界热议的话题提出来请大家讨论。首先请各位专家站在自己的立场,根据自己已经接触的东西进行发言。接下去再请专家和与会代表就前面发言过程中提到的核心问题展开自由讨论。在这轮讨论中,为了进一步地聚焦话题,我们将其分成四个模块,前面三个模块分别针对众包、众筹、众创进行讨论,然后我们再看看它们三者之间有什么共性问题,以及三者将会在城市规划和管理中催生什么新的现象,在背后需要什么规划决策的支持等问题。希望在这两个方面讨论后,能够达成共识。

我先从目前掌握的资料简单地抛砖。众包、众筹、众创这几个概念的起源有差异,最近已经成为高层决策者非常关注的话题。比方说在2014年9月份的夏季达沃斯论坛里面,李克强总理倡导"大众创业,万众创新"的理念,这样的理念催生了新一轮社会经济转型的话题。国务院出台新的政策和扶持项目来推动众包、众筹、众创和众扶行业领域的发展,必然会推进新一轮的、围绕这个话题催生出来的政策和管理的改革创新。所以我们很有必要在这样一个大热之前,在大量政策出台之前梳理它们真正的内涵和潜在的风险,以及研究怎么样去规避风险。所以该话题比较贴合目前政策的引导方向。

众包这个词汇我简要地介绍一下,根据目前的资料来看,它来自一个英语的词汇叫 crowdsourcing。它的含义是,比方说我有任务,我把任务分配下去,下面的人就自由接单完成任务。这个概念看起来挺简单,但实际上目前已衍生到很多的方面。比方说这次论坛就是众包的模式,中国城市规划协会发包出来让每个单位按照规则规程自愿地申报自由论坛。协会设计了一些规则,例如论坛的主题必须是怎么样的,邀请的专家是怎么样的,成员的构成有什么要求等,规划协会就这样发包出来。而为什么我愿意来承接这个包呢,在这里面强调的一个概念就是自愿,包括自愿者。自愿的概念就是我愿意自愿承担自由论坛,因为其实里面也有自私的方面。在发包的时候协会承诺说通过自由论坛宣传我们的单位,所以大家看到表格里面有承办单位的介绍。这是规划协会丢出了一个诱饵让大家来接包,通过这个例子我们可以切身体会到众包的概念。

众包这个理念渗入方方面面,例如大众点评,每个人吃完饭以后自愿去评价好还是不好;又比方说我们买书、购物,我自愿评价它好不好。我提供评价的信息是自愿的,所以众包的特点之一就是它在有规则、有平台、有组织者发包的前提下,个人或企业组织自愿地承担这个包,自愿提供信息和服务。目前这样的理念渗透到方方面面,特别是在借助了互联网和我们所谓的 VGI(即志愿地理信息)之后,越来越多的人愿意作为信息提供的志愿者来参与到活动中,这样的活动已经渗透到生活的方方面面,甚至渗透到企业生产的很多流程环节里面。我们简单地梳理一下众包的几种模式:第一种是政府众包的模式,例如在纽约内部雇员的平台;第二种是政府向公众发包的模式,该模式利用了我们每个人都会对自己存在切身利益的周边环境关心的心理,比如这个例子,政府采用网络平台的方式,让公众点评或者找出他们身边究竟哪个地方的路灯出了问题。这跟我们以往常规的规划思路是不一样的,以往很多时候是政府以自上而下的模式去委托规划单位,规划单位用有限的人力资源跑现场,但跑现场之前首先要熟悉一个城市,这需要一段时间,花费很多的人力物力却还不一定能够完全地了解老百姓的切身的需求。

中国这一两年也出了很多的众包案例,比如在广州,交警为了完成他们管理的目的,希望得知哪些信号灯设计得不合理,哪些路口经常会出现交通事故等,因而在包括微博、微信等的网络平台上,通过有主题地推送信息,让大家参与到点评和提供决策参考的建议里面,取得了很好的效果。因为很多人对城市某条道路的交通状况有切身的体会,他们非常迫切地想表达自己的意愿。特别是目前民众的素质提高了,用需求层次论的金字塔来解释,到了最高的需求层次,每个人都想体现自己的价值。因而,众包得到了响应,取得了成功,这是一种类型。另外也会出现一些非政府组织参与介入的模式，因为政府面对的公众管理的事件非常多，要面对成千上万的广泛公众。大量需要处理的信息催生出一系列新的问题，而政府有限的人力如果难以解决问题，会产生信息不对称，或者在民众跟政府之间产生不必要的误解，可能会催生新一轮治理的危机。所以如何有效反映民众的意愿变得非常迫切，以一个广州两三年前已经有的活动为例，该活动叫"拜客·广州"。组织者倡导自行车出行，让大家随手拍自行车出行有什么样的障碍，这样的非政府组织搜集信息以后定期向政府推送，作为决策的依据。它虽然是一个非营利组织，但其背后有一个捐赠平台，让大家为它的活动捐赠资金。这是另外一种借助社会力量来解决大量的分包、发包和收包等组织管理问题的组织模式。

同样还有一些企业的模式，比如说目前很多城市开始在试行的私营定制公交。大家都知道，政府提供的只能是有限的公共服务，因此不可能满足所有人的需求。以公交为例，我们一直倡导公共交通，但是没法满足所有人对公交出行的需求，因为每个人个性化的需求是有差异的。这里面最多的抱怨是公交不舒服、经常换乘、时间很长，我们有必要在这样的背景下面把握有为和不为。有为的是大部分公交出行要政府主导解决，而对于觉得公交不方便而不使用公交出行群体的需求，则通过市场的力量补充不足。私营订制公交模式就是在这样的众包理念下形成的。企业搭建一个平台，让这样一群"飘离"的公众来提供他们的信息，比如在几点到几点，从哪里到哪里的起讫点需求。这个平台把信息汇聚以后，通过信息技术手段订制若干条公交线路，来满足这部分群体的出行需求。实际上这就是众包的概念，企业发出包说你可以来提供你的信息，而公众自愿提供信息，并且通过自愿的信息提供来享受服务。这是市场导向下，或者叫企业主导的众包公共服务的模式，以上是我们梳理的众包的模式，我们抛出来给大家讨论，不一定梳理得完整和准确。

针对以上对众包概念和案例的梳理，我们提出来第一个话题：众包概念的提出会不会带来一种新的治理模式？以往我们的城市都是自上而下治理的，以后是不是可以探讨更多自下而上的、自我组织、自我治理的模式？如果有的话我们怎么规避潜在的危机；第二个话题就是在非结构化信息特点下（所谓的非结构化信息就是每个人都有信息，都提供出来），怎么应对海量信息的爆炸以及爆炸之后产生的信息不对称的矛盾和冲突？第三个话题，跟前面两个是呼应的，就是这种治理模式互动的机制。此外，是否能够形成新的政府、市场和公众协作的模式，背后需要怎样的技术支持，有没有新的理论等，这是讨论抛出来的话题。

接下来讲到的第二个是众筹，众筹的概念我也简单引用一个学者的定义，即通过互联网众筹平台来发起一些项目，然后进行募资。募资之后承诺给予相应的回报。其特点是首先通过互联网，然后依托社交网络进行营销来降低成本。比方说在城市规划里面，现在销售商品房的模式是从政府到开发商，开发商再到个人，共是三个级别。在众筹的概念下，政府直接面对公众，中间去掉开发商，是不是这样降低层级之后就可以降低相应的成本，房价就可以相应地降低？前不久有些地方曾尝试这样的操作，即众筹建房，但是众筹建房推出来不久后就面临被叫停的局面，因为政府还没有来得及去想清楚这个问题，怕这背后还会有很多的风险，这有点类似滴滴打车、优步在中国推广开来之后，很多的地方政府措手不及，不知道背后延伸的风险有多大的现象。所以在2006年，政府就认为这种个人建房的模式是不合理的、不合适的。但是是不是真的不合适？是不是在我们完善个人的信用体系、资金的监管体系、整个建设流程的监控和管理等一整套体系之后，它也是一种出路？这也是抛出来给大家讨论的问题。

其实众筹，筹是筹集资金，但还可以延伸出来不仅仅是资金的筹，比方说下面这个例子，讲的是鹿特丹要修建一座大桥的时候，采用的比较有意思的筹集资金的方式。修建大桥的捐赠者可能不是为了盈利和其他的目的，由于捐赠者可以在用捐款买到的木板上刻上自己的名字，所以通过这种方式募集到了大量建桥所需的木板。这里面我们也提出有关众筹背后的问题，就是它会不会是一种新的PPP(Public-Private-Partnership)模式？这种模式下我们怎么去监管？怎么规避风险？我们在规划领域里面可以筹什么？比方说筹钱、筹物还是筹主意？另外可能延伸出什么新的理论的问题？

第三个词是众创，众创可以说是一个本土化的概念，至少从目前看到的文献来看是这样的。那么相应的一些概念来自于什么呢？来自于MAKER，即创客这个概念，创客这个概念的初衷和理念就是DIY，就是你创造性地完成你自己想要设计的东西，不完全以盈利为目的，延伸出来创客者进行创造性活动的空间就是创客空间。这个创客空间跟以往的创业产业园不一样，更多的是为个体、小群体提供创业的场所。目前的创意产业园可能是一个个的企业和机构进驻，大家有一些协作、合作的模式。创客空间更多的表现是针对所谓的大众创业这个主体，就是很多微小企业，或者微小的群体，或者是一些个人，它进入到这样的空间，在这个空间里面可以享受到他创业所需要的一些东西，这些东西可能是他一个人买不起的，但是空间能够为他提供公共的设施服务，比如说很高端的演讲、很前沿的讲座，他通过这些方式可以获得创新的手段、工具和想法。所以这样的创客空间在很多地方催生出来，特别是在深圳，如通过这样的方式形成的一些创业沙龙等交流场所。

针对众创提出一个新的问题就是，这种新的创业模式的产生会不会催生新的城市空间组织模式？会不会产生一些新的社会空间？我们在新常态下强调城市更新、城市的自我改造，那么众创会不会成为城市更新的新动力？在这个背后，我们在规划管理方面需要有什么样的应对和需求？

以上是针对这三个词汇抛出来讨论的话题，也相当于抛砖引玉，各位专家可以参考，如果你们觉得不对，或者有自己的案例，或者是有其他的理解，可以拿出来在自由论坛的时候一起讨论。接下来的环节我们请各位专家围绕这个话题进行简短的发言。

众包、众筹与众创背景下的规划与管理转型

罗 彦

(中国城市规划设计研究院深圳分院)

罗彦：非常感谢周老师邀请我参加自由论坛！今天上午跟大家讨论的主题的三个关键词，从内容来看，重要的是众字，我觉得对三"众"的理解就是比较多的意思，可能整体而言更多的是多参与、多关系、多主体、多元素，到多数据。实际上也就是现在国家提到的"大众创业，万众创新"的概念。这是基于目前国家发展阶段大的背景提出来的。这三个词存在一定的差异性，刚刚周老师解释过众筹，我理解这是资金和项目管理的方式，众筹过去见的比较多。第二个众包，感觉更多的是标准化的合作或者是定向的服务。众创是非标准化的合作，这个不管是在业态方面，或者是组织模式方面，可能有更多的发展空间。实际上这三个词语从某种概念上讲，进一步发挥了长板理论，也就是在新形势下将每个个体或者机构的长处充分发挥出来。

下面说一下从规划的角度去理解这三个方面带来的影响。对规划本身，第一个是，兼顾大众和小众，应对多元化的需求。我们一直在说规划本身是公共政策，事实上三"众"的提出在一定意义上回到以人为本的理念，我们做的东西大部分考虑公众利益，但是有一部分考虑小众的利益和需求。规划本身的主体性很强，现在越来越重视业主的产权，包括政府、开发商、利益相关者或者利益影响者之间的关系协调的问题，高度重视市场化下多利益主体之间的相互协调。

第二个是规划的对象方面，空间载体也应该发生新的变化，过去规划的空间主要在生产、生活、生态这"三生"的空间上。而在三"众"理念下，刚才几位老师专家也提到了，有了"创新空间"的概念，创新空间是承托未来创新发展的空间载体。比如说产业方面，更多关注的是创新园区，创新企业在创业空间如何去应对，大众创新如何结合社区。创新社区更多的是通过创新社会融合交往空间去营造。例如不同类型的咖啡馆等，这类空间提供了创新思想碰撞的社会交往空间。在未来服务设施建设上，在新的三"众"的要求下，新的创新设施作为公共服务设施，不是要像学校和医院那样推广建设，而是要作为新的公共服务设施，去高度关注包括金融业的培训和相关法律顾问咨询等方面的内容，形成综合性创意社区，在这个过程中规划空间载体发生了转变。

第三个是规划理念，前面提到了大众和小众的规划关系的理念，是过度关注功能主义的设想造成的多元化空间，包括土地利用混合型的使用。现在则转变为强调小型化或者是主体化的小区，城市空间更加关注城市品质，关注细部的公共空间，以及关注创新型的文化街区。这种创新性活化的社区，体验化的城市设计在未来城市化品质的背景下会受到更多的重视。

对规划管理的启发用一句话概括就是：兼顾协同和创新。涉及三"众"的问题也给现代治理机制的转变提供了机遇，其核心是放权和监管的结合。从规划的角度来看也有几个方面可以尝试：一是规划的运作方式方面，在规划编制上可以运用众包、众创、众筹的方式去实现。不同类型的规划院和设计机构擅长的领域并不相同，可以运用长板理论众筹。一个规划项目下来，可以根据每个设计院的优势，把不同的规划专题委托给不同的机构做，将各个单位最大的优势都发挥出来，从而提高效率。这就需要通过统一的项目平台在更大的范围内组织资源，实现规划管理的创新和协同。国外也有类似的案例，如麦肯锡，一个项目的开展是在全球范围内组织资源，与全球的机构进行合作。这不是纯粹的外包，因为不同领域里不同机构的目标性要求非常强，因而需要一个技术总包单位，促进大家发挥所长，进行多种方式的灵活组织。

第二个方面，在规划运作方式上也会有变化，刚才各位专家提出在项目组参与方面，把当地的利益相关者从项目开始运作组织，到后面公众参与等不同阶段都加入进来，这样避免在规划当中出现一些利益不相关者，或者公众不参与者等方面的局限。在规划管理方式上，要从原来管理型的运作方式向服务型的管理方式进行转变，应对三"众"的市场需求，为他们提供更多的信息空间，这个空间是基于互联网的数据平台。做得比较好的城市，如深圳、武汉，建立了城市信息数据库、三维仿真、城市立体模型等，为众创空间提供了可选择的要素，包括地价、发展空间，甚至规避风险等方面的信息，否则对资源掌握不准确的众创企业会有较大的风险。因此在发展大众创业和万众创新的同时，要冷静地看待市场中所面临的风险，这一点在政府管理方面需要有更多的工作。

第三个方面是规划管理方面的挑战，如果涉及三"众"的问题，未来的土地出让、商务办公的面积和标准等方面会发生变化，在一定程度上带来规划标准的修订，甚至不同地域之间还会存在差异，给规划管理提出了挑战。特别是在智慧城市、物联网化等新的背景下，规划的各类标准或准则会有新的修订和应对。

第四个方面是规划责任的问题。前两天在三"众"的基础上还增加了众扶的概念，要求管理部门在承担信息服务、智力支持、运营模式等方面要发挥更大的作用。

最后是在地域差异化下，规划管理的一些变化。第一个是我们现在涉及三"众"的空间不仅局限在城市地区，大量的众创空间出现在成本较低的城市中心边缘区，原来的工业厂房发生了转变,在众创空间的需求下配套设施也在不断完善。与此同时,在城市资本下乡的新现象中,农村里的农民也在众筹,形成了创新的环境,包括农家乐、农村客栈、淘宝村等。在这过程中,规划如何下农村进行管理,原来的"一书三证"的规划管理是否能满足新的需求,管理部门如何去应对,也是要关注的问题。第二个是社群营造,特别是对于众创空间,需要重点去关注创新社区的营造。第三个是城市更新的问题,城市更新在三"众"里面涉及的内容特别多。目前城市更新的土地制度还是国有为主,不同于台湾的土地私有制,能便捷地对资源进行重新分配,甚至以资本资产的股份制方式进行投入。在新的理念下,城市更新所涉及的产权制度方面的变化会给规划管理带来新的挑战,需要规划理念、技术理念和管理的理念都有新的变化和推进。

总的来说,三"众"可能会影响到规划的理念,今天紧扣这样一个主题讲,实际上有些东西并不是跟三"众"相关的,可能随着土地制度,城市发展都会牵涉进来。从大的方向看,理念的转变,跟我们技术理念转变、管理的转变都是向着同一个方向在推进的。谢谢大家!

主持人: 谢谢罗总,他从规划实务的角度,讨论了三"众"产生背景下,传统的公共服务设施配置和土地管理等面临的转型。对相关的项目实施或者规划编制,怎么更好地进行平台化的组织来发挥各个单位的长板,怎么应对目前的土地管理和产权方面的问题等进行了比较深入的探讨。

新背景下城市规划管理改革的思考

王晓东

(北京清华同衡规划设计研究院)

王晓东：非常高兴今天有机会和在座的各位老师和各位同行一起交流今天这个主题。我下面的发言可能更侧重副标题，而不是主标题众包、众筹、众创。我最近三年在做城市规划技术管理工作，所以我还是想回到我们规划行业自身的规划本源来谈一下认识，并跟大家做交流。在说正式观点之前我想说对规划管理的三方面认识。第一，我认为城市规划管理是科学跟艺术的完美结合。传统上说规划管理，我们就会联想到规划局做的工作，我觉得这个狭隘了。第二，城市规划管理也不只是政府行政上的工作，也是技术部门、行业协会的工作，包括市民都在以各种各样的方式参与，并影响我们城市管理的工作。第三，无论我们对城市管理是从赞扬还是从批判的视角去认识，城市规划管理工作与社会公共管理事务也一样，既有正面也有负面，这与它所在的特定历史时期，特定的发展阶段，特殊的社会背景和政治背景相关，在认识城市规划管理应该做什么的时候应该把它放到大的社会背景和政治背景下去。这是发言之前我说的三点认识。

下面我想从城市规划管理应该做什么，时代需求是什么以及规划的改革和创新这三个方面说一下对规划管理工作目前的看法。首先谈谈我个人心目中的城市规划管理到底应该做什么事情。第一，是通过管理形成城市规划统一的价值观。价值观是需要引导的，只有通过引导和管理，价值观才能形成共识。如果没有基于广泛普遍共识的引领，城市规划决策很难实现。在现实城市规划中出现的冲突和矛盾，本质上其实是价值观的冲突和矛盾。

第二，是要通过管理形成城市规划上下的纵向之间和左右的横向之间的一致性决策。形成上下级政府间、同级间的规划一致性决策说起来容易，做起来很难。目前在规划的决策不一致，其实是导致我们规划管理中很多问题的根源。对规划决策科学化管理也是决策科学化协同的重要环节，需要在管理规划中始终抓住。没有一致性的决策也就不能有效地去引导形成协调一致的规划行动，这个前提如果没有了，各个部门都依据互相冲突的决策去进行城市发展，城市很难按照规划形成理想的状态。

第三，通过管理要形成一致的行动。从行业来说，无论是行业，管理，还是个体参与开发城市建设的主体，都不会自觉服从管理，传统的狭义的城市规划管理，很多的时候是引导政策在统一决策下的一致性行动。很多日常的管理工作,包括执法检查,包括违法查处,其实都是要促进在城市发展建设中形成一致性的行动。

第四,是要通过管理形成规划行业统一的职业道德和规范。我觉得这一点也是非常重要的,一个行业没有统一的管理很难形成我们整个行业统一的价值观和统一的道德行为规范。通过管理和引导,无论是在规划行政部门,还是在规划技术部门,也包括在整个规划实时管理,包括每个规划师的个体,如果想让整个规划行业从业者形成统一的价值观和统一的道德规范,是必须要对管理规范形成精细化的设计和介入。

第五,是通过管理实现政策工具和技术工具的持续推动和创新。也就是说管理部门很重要的职责是依靠公共财政的投入来推动规划行业的政策工具的进步,推动技术工具的不断进步,更好地适应城市发展外部环境的变化。所以基于前面五个方面的认识,我个人认为规划管理工作不能简单地限定为目前规划行政部门每天从事的工作,要放大到五个层面理解规划管理,对于规划管理在整个城市规划行业中处于什么样的地位应该有相对比较准确的判断,我们才能把规划管理工作抓到位。

其次,是城市规划管理目前的时代需求是什么。目前的规划管理在哪些方面已经到了不改革不创新就不能再走下去的处境。想结合个人工作经历跟大家交流:第一,是如何在科学和效率之间找到平衡点。我觉得这一个方面已经到了非做不可的地步。目前在规划管理中经常会听到的一个词语就是滞后,简单举一个例子,很多城市的总体规划,一批就是五年十年,很多时候在规划中不断地去争执去论证,试图找到精确的答案,但是在这个过程中忽视了很重要的规划管理工作的要求,也就是效率。我们不可能通过五年、十年的争议做一个规划,就是我们在技术细节上争执了五年、十年,最后导致不能形成高效的决策,这个其实在效率和科学之间失去了最基本的平衡,牺牲了效率但也没有实现科学的目的。到了现在这个阶段,这是规划管理工作必须要认真面对的。也就是说目前规划管理的程序的复杂,规划工作手段和平台的落后,忽视政策层面的效率等,是需要扭转的。

第二,是传统的城市规划决策的技术辅助工作和手段目前面临落后的局面。回顾一下过去十年、二十年城市编制规划的工作,绝大多数城市政策工具和技术工具使用落后,在过去的十年、二十年没有进步,当然我们也非常高兴看到最近在很多一线城市,都在推细则,都在谈大数据和信息平台的建设,比如北京、上海、深圳、广州。如果整个规划管理的手段不能够与时俱进,就很难从根本改变现状。

第三,是城市规划的这种精英式和过度强调专业性的模式,与城市规划公共政策属性存在矛盾,亟待我们在规划管理中解决它。对城市规划无论是从技术角度,还是从目前的行政层面,更多是在突出对它的专业技术层面的认知,而对它公共层面和大众层面的认知比较忽视。我们在学科层面去讨论问题,但是很少将之作为公共政策从城市规划的公众性和公共性的角度去进行分析研究。所以从这个角度说,城市精英规划是有问题的,未来如何突出它的公共性和大众性,需要规划管理工作进行反思和提升。

第四,是多规的冲突肢解了城市规划应该发挥的调控体系的作用。比如说城市规划与土地规划包括五年计划、环境保护规划,等等。这种规划之间的不一致,实际上严重削弱了城市规划的发挥。现有的规划一方面与外部有冲突,另一方面在内部也存在冲突,近期建设规划在突破自己的总体规划,控制性详细规划也在自己突破自己的总体规划。我们一方面想要跟别人去协同,但是另一方面自己又在创造内部的不协调和不一致,所以大量的不协调和不一致是规划管理工作需要解决的。

最后,想跟大家交流的是对城市规划的改革和创新的几点思考。第一,管理的改革创新要转变思维,我觉得这一点在目前这个时期非常重要。也就是说城市规划管理定位必须要非常清晰,规划管理改革首先要突破和跳出传统规划管理条条框框的束缚和限制。要以开放性的思维来补充目前的专业性的思维;以用户思维、大众思维和自下而上的思维来充实目前本位思维、精英思维和自上而下的思维;有限干预的思维替代全面干预的思维;人文的思维来替代增长的思维。对规划管理进行改革和创新首先要改变思维方式,这是我第一个方面的思考。

第二,是加强高效城市规划管理信息平台的建设,以城市规划管理技术支撑工具的创新变革来推动城市规划方式和效率的革命式的提升,我觉得这是规划管理效率提升的必经阶段。我们经常说一句话叫科技改变生活、改变未来,其实反过来科技必将改变城市规划的方式,必将引领城市规划的发展。在座不知道有多少人去过北京、深圳、上海、武汉,看看这些城市的规划编制审批和实施管理,当城市规划管理的信息平台介入之后,其效率的提升是什么样的状态,可能大家会对这一点有更直观的认识,也就是说自身管理借助高科技的手段非常重要。

第三,是摒弃过度追求城市规划一次性决策的绝对科学化,也就是说不能过多强调一次决策的正确,而要在科学和效率之间找到适度的平衡。一次性绝对科学化的决策是不可能的,一次性的绝对科学化的决策也没有必要,也就是说没有必要把所有的问题都想清楚,想明白没有任何其他的问题以后再决策,这也不符合决策工作的逻辑,更多的时候应该是单次决策把握大原则和大方向,而近期在可预见的范围内基本可控。同时在执行过程中,应该让规划变成一个动态的过程,随着环境的变化、需求的变化,适时地对规划进行动态的调整,通过规划来保证规划符合时代发展要求。

第四,是针对目前正在推进的多规融合的思考。我个人认为从工作思路上,也就是城市规划部门如何参与,如何认识多规融合,管理工作的协同应该首先从规划内部做起,如果内部都不能实现有效的协同,总规和控规,包括规划管理之间必然存在冲突。在处理好内部的问题后,再跟国土规划、国民经济发展规划去做所谓的协同。所以推进多规融合,最核心的工作应该是首先保证整个城市规划内部体系之间的高效协同。

第五,是对城市规划管理工作的认识。在当前的时代背景和时代要求下,规划师要勇于担当,我个人认为行业内缺的不是技术,缺的不是专业的支撑,更多的时候我们其实是在一个特定的历史发展阶段面对着特殊外部的压力和城市发展建设的压力,即城市规划工作如何应对外部的挑战和内部的需求,所以更多的时候是要勇于承担在特定时期的历史责任。很多时候管理的成效更多的是靠坚守,靠勇气,靠理想,所以在遇到行业内特殊观念的困难时期,我们应该承担更多的责任,有更多的信心,有更多的勇气去面对外部的挑战和内部的需求。

第六,也是最后一点,回到这个分论坛的主题,城市规划管理工作应该做什么。城市规划管理要适应城市规划所处的社会生态系统和政治生态系统,同时要努力营造一个良性城市规划行业的内部生态系统。在这里我想强调生态系统的概念,对城市规划的外部环境的理解,就是说世界之所以美好,是源于它的多元。从哲学上有一句论断叫"存在即合理",城市规划走到今天,其实和我们的万事万物一样,在每一个时代,每一个国家,每一个社会的特定时期都有它特定发展生存的生态系统,那么脱离了社会现实谈城市规划管理的生存发展的改革创新是不现实的。我们思考能做什么和不能做什么的时候,必须把它放在目前所处的社会背景和时代背景里,不能脱离国情、省情和市情谈规划工作。另一个方面从内部来说,营造一个开放包容、求实创新的内部生态系统。对内,应该着力于提升和改造城市规划内部的工作环境和工作挑战,营造一个非常良好的积极向上的工作氛围,以上就是关于规划管理做什么的几点思考,和大家做一个交流,谢谢。

主持人:谢谢王院长。王院长从几个方面对我们规划管理面临的问题提出思考,有两个词跟我们主题非常贴切,一个是提出规划管理是一致性的决策,强调系统;另一个是我们要面对的多元的状况。这个一致和多元之间产生矛盾和冲突,恰恰是我们怎样做好规划管理的核心。

众包、众筹与众创背景下的个人利益与整体利益融合

吴宇哲

（浙江大学土地管理系）

吴宇哲：这个是周老师给我们的命题作文，我很认真地做了这个题目。今天我取了这么一个题目，从个人利益与整体利益融合的视角来看众包、众筹、众创。市场和规划到底要做什么？三者的分界线在什么地方？我用了两句简单的话：市场追求个体理性；个体理性纯粹由市场做的话，它合成的整体可能是非理性的。用一个非常经典的模型——蜈蚣模型解释它，就是大盒子里面放了 N 个金币，有两个小杯子，从大盒子里拿出两块钱放到一个杯子里，甲乙双方中，甲可以挑走一个，从个体理性的角度他肯定会挑走两块金币的杯子，乙就是零。不过这个游戏规定甲不可以拿走两块钱，但可以从大的容器里面拿出两块钱，分到两个杯子里，就是钱多的杯子里有三块钱。这时候甲失去了选择权，乙获得主动权。乙可以挑走三块，同样乙也可以从大容器里面拿出两块钱，就是四块了，决定权给了甲方。所以这个游戏可以一直往下做，做到最后一步为止。如果这个盒子一开始只有二十块钱，最后九跟十一就结束了。

这个金币游戏是甲乙双方参与的，很显然越到后面对他们越好。但是我们思考另外一个问题，如果甲乙双方很理性，乙做最后一步的前一步的时候发现盒子里面只有最后两个金币，那他怎么办，他会挑走十块钱，八块钱给甲方，游戏到这里结束，而不是等最后一步自己只剩九块钱。我们同样可以想到乙，乙也足够聪明，他只剩四块钱的时候就注意了这个问题，所以他在这里不干了，他可以拿到九块钱，而不是等下一步只能拿到八块钱。所以可以想像，如果甲乙双方足够地聪明，有可能甲拿到两块钱就不干了。所以这在博弈论中成为蜈蚣悖论，就是甲乙双方过于理性的话就会造成整体的极度不理性。我想用这个例子来说明我第一句话，即市场追求的是个体理性，但合成的整体可能是非理性的。这个时候规划管理的重要性就体现出来。规划首先是追求整体理性的，个体理性不需要规划，市场就可以解决这个问题。但是一个好的规划必须要融合个体，所以"三众"的难点在于，三个众字都是个体的，但我们做规划要做整体。

规划做整体我用另外的模型表示。大家可以想像两个相同规模小摊 A、B 在沙滩边上，

有很多的人在这里游泳。由于他们提供的是无差异的产品，冰淇淋价格、质量等都一样，所以游人会选择就近购买，这个时候 A 更多，B 更少。所以 A 就改变了策略，他搬到 B 的这边来。A、B 不断博弈，直到 A 跟 B 都在沙滩中点就不动了，这是一个均衡的对局，任何一方只要改变博弈策略，就会处于不利，市场这时候就只能达到这种状态。这个状态是有问题的，所有的游人为了买一个冰淇淋，最近的距离是 0，最远的距离是 1/2，平均距离是 1/4 海岸线。这个时候可以想象规划管理政府出现了，规划管理政府会要求两个摊位各自分布在两个 1/4 海岸线点处。这个时候对于两个摊位来说市场分割是不变的，还都是 1/2，原来的个体理性满足了，同时社会成本降低了，从原来的平均距离 1/4 降低到了 1/8，这是我们规划管理的重要性。

所以我们今天谈的众包、众筹、众创就是市场化的行为。其实我不大看好最后的众创，因为有可能是不靠谱的。所以我强调好的规则非常重要。刚才周老师拿论坛发包例子来说众包，大家可以思考，如果作为会议主办单位，在发包的时候没有很好的规则的制定，最后非常可能导致负面的影响，所以说规则很重要。中国的市场化，如果规则没有制定好，最后可能就成了反面案例。另外就是即使有些方面规则制定得非常好，市场有时也无法规划。因为在规划领域很多的东西产权本来就不能明晰，交易成本很高。市场首先要产权明晰，其次要有交易，两者只要有一者不具备，就做不成市场。

再接我的第二句话，整个规划管理是为了整体的利益。市场不能优化的时候，规划提供了可能性，虽然规划不一定进去，因为市场有时失灵，规划进去反而更糟糕。所以说这是必要条件而不是充分条件，一个好的规划应该是对个体的利益进行很好的保护。我们搞众包、众筹、众创，实际上是很多政府在做一厢情愿的事情，会出问题。当损失到个体利益的时候，这种规划就走偏了。所以这么多人参与做这个事情，有可能会自讨苦吃。某种意义上说，过度地推广，政府就是自己挑战自己。假设我们把城管包出去，如果规则没有制定好，状况可能比想象还要糟糕，各样负面效应会出来。

众筹在这三个词汇里面是最靠谱的，因为在有互联网之前就有这个模式，刚才周老师提到的 PPP 的模式本身就是私人资本融入公共资本，但是难题是存在的，就是特许经营权如何确定的问题。以收费的高速公路为例，全球收费公路 70% 是在中国，大家都在抱怨。但回过头来说如果我们不这么融资，整个交通建设有这么快吗？这就是两面性。这个难点到现在也没有解决好。中国这么迅速赶上世界的水平，但是最后政府还是招来了骂声，这说明众筹带来正面效应，但其负面效应也必须要考虑。最后最不靠谱的众创，应该是少数人去干的，大多数人是老老实实把本职的工作做好。所以"创"这个东西少数人做就行了，这是"唯心的"，大多数人是"唯物"，这样社会既可以"唯心"又可以"唯物"。

这个是一个砖，周老师说了抛砖引玉，弄得我们头破血流，有这个观点的碰撞也是非常好的。

主持人: 非常谢谢吴老师,从公共管理的视角分享了他对众包、众筹、众创的看法,引出很多"金"和"玉"。我们达到了这次论坛的目的,就是要互相碰撞,大家形成比较共识的观点。

城市建设的终极状态：个体参与城市建设

王 德

（同济大学建筑与城市规划学院）

王德：谢谢周老师，周老师做了大量的工作，在论坛之前组织了一个群，在群里面把相关的资料发给我们先看，可以体会，周老师是用心在做这个事情。这个题目众包、众筹、众创，非常切合当前的形势，大家都在关心，但是这个题目拿了以后可能不知道怎么来解读。这种众包、众筹、众创，在我们城市规划、城市建设里面，它的终极状态就是私人居民参与到城市建设，一个城市由广大的居民来建设，就是改变当前由政府大包大揽，开发商和政府来建设城市的局面。回想一下过去二十年城市发展的模式，这种模式的弊端在哪里？就是这种大包大揽的模式使居民没有空间、没有渠道自己建设自己的家园。之前一些有志者说能否自己建一个社区，也有，但是失败了，说明我们的体制下面不允许这个模式的存在。现在已经提出来众包、众筹、众创，我就想到了能不能回归到城市建设由城市的主人，也就是居民来建设的局面。

回想城市建设留下来的精华，所谓的历史文化名城名镇，大部分都是众创众筹完成的，也就是说个人将他的能力发挥到极致，又有一套非常合理完整的规则来掌控大家的行为的时候，城市就进入一个良性循环，他们建设出来的东西就是精品。因为每个人每天都在想自己的家园要怎么建，周围的环境要怎么弄，这个里面所蕴含的潜力是不可预计的。我夏季到西藏看到了藏区的乡村，看到了布达拉宫，这个布达拉宫是怎么长出来的？它是由一个建筑设计师把它设计出来的吗？布达拉宫内部、外部空间的形态和谐美真是没法说，但是这个东西靠设计真是设计不出来的。从外面看，它的对称不是呆板的对称。因为布达拉宫在空间生长的过程中，是当地居民根据需要自己设计出来的，但他们在设计的时候是将其作为自己的家园来对待，所以他们不敢乱来，一定要想内部的空间和外部的空间要怎么协调、色彩怎么和谐、功能怎么优化等。所以这么创造出来的建筑真是一个精品，内部空间丰富，外部形态和谐。我在想我们的城市如果回归到这种情况，让个人把他们的财力、物力、智慧都发挥到极致，那城市市长就可以整天睡觉，只需要把规则制定好。因为如果城市没有规则，大家不知道自己能建设什么，不能建设什么。例如我想在这个城市里面建设一个房子，可能我们没有办法想象。但是很多欧洲的城市、美国的城市就这么建出来的，政府负责基础设施的建设,负责土地的分让,也就是造地,把地造好以后一块块卖出去,下面的工作就分给市民来完成。市民本身要建,但是依据的规则本身是制定好的,例如房屋的高度、房屋之间的间距、色彩、风格等,这个规则就是城市规划。这个规则是政府、市民共同协商出来的,大家就按照这个规则建,建出来的城市一定好看,因为大家建设的都是自己的家,都想把自己的家弄好,所以自己的家弄好了,城市的事情也就做好了。政府的任务就是制定这个规则,我认为这个规则制定是城市规划里面重要的内容。

大家可能觉得我这个说法有点脱离实际,但是并没有,我们有广大的农村。城市里可能行不通,因为城市建好了以后,大家还有什么可能性来发挥自己的热情呢?其实大家都想自己的家园美丽一点,那么公共空间就可以发挥大家的积极性,城市的公共绿化等那些还没有完全使用的空间,是不是可以大家来使用,比如屋顶的绿化,老年人退休以后就想在屋顶搞块地,弄点土,把这个屋顶弄好,弄好了以后整个房屋的保温,夏天的隔热,城市的绿化也好,增加了含氧量。总之就是把大家的意愿,美好的愿望和城市建设大的目标结合起来,城市获得内生的动力,这个是城市最根本的东西,我们市场也不用整天烦这种东西。刚说建好的城市可以采取这种模式,到了乡村发挥的空间就更大了,乡村规划我们都在做,也不知道谁来实施,乡村的实施就是靠村民。给村民规划了之后又不给他建,那怎么办呢,他自己建,村民自己建设的时候有自己的想法,他要审视建议的合理性,规划的合理性。但是不管怎么样,他是想把自己的家园建设好的。所以我想我简短的发言就是想提倡让城市的主人来建设城市,城市的主人不是市长,不是书记,是广大的市民。乡村的建设要靠村民,不是村长,不是书记。

主持人:谢谢王老师刚才的发言,他提出城市建设应由城市的主人来建,很贴切我们目前讨论的话题。

第二部分
众包、众筹与众创的应用案例

在众包、众筹与众创的理念下,近年来各地出现了一系列应用案例,在本次论坛中,专家们分别从新背景下规划师的作为、众创对社会经济和空间转型的影响、规划标准化研究等方面展开理论探讨,并分别结合荷兰、深圳、上海等地的实践,展开应用案例的介绍和讨论。

众规、众查与众监督下的规划师作为

袁 媛

(中山大学地理科学与规划学院)

袁媛：周老师非常凝练地给我们提供了大量的"众包、众筹、众创"的信息，也给我们抛出了非常好的核心的论题。在这样的一个"众包、众筹、众创"的背景下，我们发现互联网激发了大众的热情，汇合了大众的力量，也融集了大众的智慧。大家都知道每一轮新的技术革命都会推动社会的变化，带来工作方式、生活模式乃至思维理念的革命性的改变。在这样的新背景下，传统的规划编制和城市管理都会受到挑战。我们能不能发挥刚才说的大众的热情、力量和智慧来参与我们的规划编制和城市管理呢？答案当然是肯定的。因为刚才王老师讲得好，规划学科既是专业性很强的也是面向大众的学科。说专业性强我想在座的规划师都深有体会。今天能开始自己的职业生涯，都是经过了严格、规范的体系性教育。我们有知识体系的建构、技能的培训。但同时城市又是一个复杂的巨系统，它涉及了方方面面的内容，现在我们除了编法定规划，各种新的专题规划也是层出不穷。大家经常有应接不暇的感觉，新的专题又来了，是不是又要补充新的相关知识呢？既然这是一个面对大众生产和生活的学科，与我们的生活是那么的贴近，因此我们完全可以在这样的背景下发挥学科的公共性，去发挥大众的热情、力量和融集大众的智慧。那么在刚才谈论的"众"的背景之下，可以看到其实规划的编制可以走向众规，城市管理也可以走向众参。

规划编制走向众规，我们学科的专业性很强，规划编制一直以来感觉都是技术精英在做的事情，但是在未来"众"的背景下可以更好地让大众来参与编制，他们可以更好地提供调查的基础信息，可以出很多贴近生活的好的规划建议。而规划管理方面，刚才我们讲提倡众参，也就是转变原来的管理模式，从自上而下到自下而上，从我们的不参与、有限参与，到人人是参谋、人人都可以当管理者。早期的规划编制我们是有限性参与，比如说控规的规定中，必须要有公示的阶段，公示时长是 28 天左右。但是我们也碰到过公示结束时其实是没人来提建议的。可能有这样一个阶段，就是政府提供了很多的途径，但是并没有激发大众热情来参与，或者是提建议或修改的问题。如果我们希望在互联网、在"众"的背景之下用手段鼓励大家都来提意见，内容涉及哪些方面？实际上可以让他去发现涉及自己生活、安全的问题，或者是王老师刚讲的公共空间的问题，可以通过一个平台反映出来，通过这样的手段激发大家去更好地发现生活的问题。如果是太专业的规划，可能民众不具备专业背景，不一定能提出意见。但是城市管理中贴近民众生活的内容，可以被很快很敏感地发现。希望在城市管理过程中，能够从原来政府的职能部门去自查自管向鼓励民众众查和众监督转变。我很同意刚才浙大的吴教授讲的要制定好规则，政府要肯适当放权，这是前提背景，规则制定好了之后才能够让大家有序地加入到"众"的过程中。

这里提几点建议，例如我经常关注武汉众规的网站，里面有很多是可以借鉴的。前一段时间有一个信息云平台上线了，关于停车场规划的选址。规划师在很多传统规划编制的时候要承担大量现状调研的工作。但是到一个新的地方你不一定了解现状；或者新接触一个专题，有大量的信息需要筛选、储备。在这种过程中如果规划是贴近居民生活的，公众可能反而更好地发现他家的周边或工作空间有哪些问题，比如说哪里适合停车，可能一些小的地方规划师不一定能发现，但群众的眼睛是雪亮的。这也是一种规划，通过信息云平台的形式来让大家参与规划的选址；我还看到过有些城市在城市历史地图的绘制或者历史的记忆的挖掘中发动群众，尤其是上了年纪的市民。他们经历过早期还没有快速城镇化的过程，他们对城市里面以前老的历史遗标、历史街区等还是有很多记忆的，不仅仅是物质空间的记忆，还包括生活场景的记忆、文化的记忆，这些都可以鼓励大家来把这些东西放到我们的某一个平台上，公众共同绘制城市历史的地图；还有第三个可以发挥的，例如现在各个城市都在建设慢行道和绿道，原来早期广东省的绿道做得非常好，现在越来越多的市民在有限的空间里、在高密度的城市环境里，其实是希望有绿道和慢行道的。而且现代的都市人越来越注重自己的健康，很多中产阶级都喜欢跑步。那么在面对大家对健康诉求的背景之下，人人都是要使用到慢行道和绿道，人人都可以提供很好的建议，特别是针对各自体验的空间的建设。另外，刚才周老师也提到了城市安全，比如说路灯，或者哪里经常发生犯罪的案件，实际上城市的居民会切身体会到。所以很多关于安全的东西实际上也是可以通过信息云平台的方式去让大家在线标注，会有一个安全提醒的作用。对城市管理来讲，这是在最小的成本里搜集最新、最有效的信息。或者是违章建筑也可以发动群众众查和众监督。还有很多的工作是可以在这样新的技术背景和大数据的时代之下鼓励大家做的。

大家就会疑惑了，既然技术如此强大，还要不要规划师？是不是终结者的时代已经到来了？在这样的新技术背景之下、在"众"的背景之下，规划师的作用会更加重要。因为规划师有强大的技术背景，有专业性的，有自己独特的价值判断。规划师在众筹、众创、众包的背景下，在前期提供目标引导和技术支持，在中期筛选提炼海量信息和建议。虽然群众是有很多智慧，眼睛也是雪亮的，但是不见得每一条建议都是靠谱的。所以这种情况下，规划师的技术力量就会在前期、中期体现出来，而在后期还是需要规划师把民众的建议转化成专业的语言落实和实施。说到规划师的作用我看在座的听众很多是青年规划师，我想说在"众"的背景下，不论是众包、众创、众筹还是众规，其实青年规划师是可以发挥更大作用的。我在网上看到有这样两个名词：一个叫数据移民，一个叫数据原住民。所谓的数据移民是从小并没有接触互联网，是在成年之后或工作以后接触到网络，才慢慢培养起来与网络的合作精神的这个群体。所谓的数据原住民，是指成长在互联网下的一代，从小依赖网络获取很多的信息、打游戏。这一代人他其实可以更好地跟上新的技术变革，可以更适应在虚拟网络中的相互协作，可以更好地在"众"的背景之下提供技术的支持，更有效地筛选信息，实际上我们的青年规划师，我们的从业者都是90后，都是成长于互联网下的所谓的数据原住民，他们可以用自己生长的背景和经历来为自己的专业发展提供支持、提供背景。所以我觉得"众"的背景很好，但是规划师也可以发挥更大的作用。

主持人：谢谢袁老师的发言，也给我们提出新的观念：众规、众查、众监督。

众创对社会创新、资源整合、经济与空间转型的影响

甄 峰

（南京大学建筑与城市规划学院）

甄峰：很高兴参加周教授主持的论坛。众包、众筹、众创，听上去很新，很时髦，但是其实并不是太新，因为包、筹、创很多年前就出来了，在前面加了众就很新。众是什么呢，是基于互联网平台的筹、包、创的模式。我们在"互联网＋"的环境下探讨这样的话题还是非常有意义的。我还是从规划研究的角度，更多的还是理论的探讨。我们的团队从2013年开始研究众创空间，在北京、上海做了调研，在四个方面，包括背景、众创的社会经济影响、带来的空间转型，还有规划应对的策略有一些思考跟大家交流一下。

首先理解众创实际上要放在"互联网＋"的背景下，即所谓的创新2.0的模式。我很赞同吴教授的观点，就是他所说的创新应该是高端的人干的。但是我觉得创新有很多种，众创里边创意也在里面，我们不能剥夺底层人如清洁工创新的思想。我记得在全国智慧城市评选的时候，青海的格尔木也来评，当时我想青海的一个城市，经济都没有解决，你来申请什么智慧城市？但是后来想每个城市都有让自己变得更智慧的权利，每个人都有，每个城市都有，这是一个机会，我们为什么不能让每个人享有这个机会？所以互联网提供给我们的是没有等级、没有中心的均衡的平台。为什么没有等级？是因为有制度在里面。众创是开放低成本，协同和互助，便利化、融合与社会互动，人本化的，对智力的挖掘非常重要。我们调研几十家众创空间之后感觉到非常重要的就是协作，基于网络的这种协作关系是非常重要的。众创的意义包括对社会创新的作用，资源整合的作用，还有就是对经济发展方式转型的推动作用。

第二个方面就是对社会经济的影响。首先对社会的影响我觉得是非常大的，因为基于互联网的众创就是发挥群体的智慧，在这个社会不要小看任何人，推动社会创新的人很可能是一个普通的人。还有就是提高社会运行的效率，这个包括刚才前面专家谈到的，这样一个新的自上而下和自下而上相结合的管理模式，带来社会权利体系的重组，普通人可以享有曾经高端人享有的权利。对社会产生的另一个影响就是，它使空间生产向社会关系的生产发生转变。我们在对一些众创空间调研的时候发现，实际上在这样一个空间里边，关系的生产

变得更加重要。其中还有一个非常重要的概念，就是"想法流"，这是在今年刚出版的《智慧社会》的书当中，由 MIT 实验室的一个教授提出来的概念，流是信息社会最关注的要素，以前的流是人流、资金流、技术流，这些东西都非常重要，但是在我们这个时代想法流变得更加重要，思维观点无障碍的流动在我们的互联网的平台下是可以实现的，如果没有管制的话。大家在微信里面都在讲，如果你讲得不对你可以自己撤回，这是想法流无障碍地流动。但关键是什么，想法要变成真实的、能够影响接受这些信息的人的行为的思想非常重要。也就是说你的这些信息传递给我，我能不能接受，我能不能转化为我的行动，那就非常重要。所以在这种想法流的过程中协作关系非常重要，我们这样一个群大家不仅仅是把信息发布上去，最关键的是我的信息要能影响你，你按照我们的方式去做，那么这样一个真正的协作关系网络才会形成。还有包括对经济的影响，创新创业，经济消费模式，产业转型，产业组织变化，等等。

第三个就是对空间转型的影响，这是信息城市研究里非常强调的一个流动范式，各种要素流的汇聚和扩散、创新要素流动和远程的协作、知识溢出、共享和网络化的发展，使得网络化的创新空间形成；再就是虚实空间的形成，因为在基于互联网的众创空间中，它的办公家具、整个空间的设计，不像很高大上的五星级酒店，它可能就是由生产车间改造而来。但是它的互联网接入的设备，包括它的各种各样的制度，或者一些文化是不一样的。另外就是一个新的空间形态，我认为创客空间是一种新的城市创新空间。

第四个就是规划应对的策略。首先，需要构建一个根植于本地的社会创新的平台，并且做出特色，但是也不能泛化。我看到网上在讲乡村也在做创客空间，但我觉得农民该是什么职业就干什么职业，不务正业不行，如果有精力可以做，所以我觉得乡村搞创客是无限的扩大和泛化。我们要有根植于本地的社会创新平台的建设；其次就是倡导城市土地和功能的混合使用，这是我们很清楚的一个新的方向；最后是要塑造城市智力和创新空间。这是灵活的、弹性的、低成本的信息密集性的新城市空间。我们要把它打造成学习区、协作社区；另外就是我们在城市规划方法方面也需要创新，包括众包、众筹、众创大数据在我们城市研究和规划创新中的运用；此外还包括建立基于众包、众筹的城市管理平台和模式，这些前面有专家也谈到了；还有就是引导政府、企业和个体等不同主体参与城市规划过程。

以上就是我的一些简单的观念，肯定也有不对的地方，这是一个新生事物，对我们规划行业的影响是很大的，我们只能拥抱它，不能拒绝它，在这个过程中找到我们的问题，摸索我们的方向，最终能够推动我们这个行业更加科学的发展。谢谢大家！

主持人： 谢谢甄老师的报告，他提出了很好的思路，包括创新要素的流动，虚实空间的结合等，也给我们话题带来很好的启发。

众创空间与城市规划标准化研究

王建军

（广州市城市规划勘测设计研究院）

王建军：各位老师，各位同行，上午好，很高兴今天能够参加今天的自由论坛。刚开始周老师把什么是众包、众筹、众创新的名词做了解释，也详细地讲解了这几个新名词在规划行业里面的一些运用。周老师很谦虚说是抛砖引玉，我感觉抛出来就成玉了，我相对来说在技术领域这块体会没有那么深，只能是把简单的一些理解在这里做一个分享。

我分享的观点有三个方面：第一个就是关于众包、众筹、众创概念的理解。因为这个概念目前也是非常热门的词汇，尤其是对于城市规划编制和管理这个领域来说，大家这几年都做了非常多的工作。我们也对当前国内活跃在规划界、规划领域开展大数据研究的大概十几家机构做的工作做了一些梳理。主要就是高校、规划院还有就是爱好者的一些机构，所做的关于大数据、众包、众筹、众创的研究技术领域的东西，主要还是集中在对数据的抓取分析，然后创建一些新的方法，并应用于我们城市的空间，甚至是人的行为空间。还有结合了一些手机的信令数据，POI的数据，与原来通过一些统计数据，或者是通过传统公众问卷的方式拿到的数据进行分析不同，现在能够从互联网上、从大数据的角度去发现它的规律，能够更加清晰地反映城市发展、运行的一些规律。这些话题现在都是非常热的，在众包方面主要解决了数据和分析的问题，众筹重点还是解决了工具和方案的问题。通过众筹提供了一些新的规划工具，也获得了一些非常好的规划方案，比如说武汉做的众包，通过这种方式来寻求规划领域的最佳解决方案。众包和众筹我觉得是思维和工作模式的创新和转变。众创我觉得它跟前面两者有不同的东西，其应该是一种产业的业态形式，它是解决了众包和众筹的组织运营的关系。应该说当前众创大部分还是以营利性为目的的创业理念，所以它是非常先导性的业态，也是国家现在倡导的业态。但是我从当前的各个机构以及规划者的研究和分析来看，大家对众包、众筹做得非常多，但是对于众创空间，研究的、实践的东西还是比较少。刚才几位老师谈到了，像吴教授对众创空间不是太看好，这个看个人的理解。目前我们国家提倡的大众创业、万众创新，其实我觉得是众创的一个前提或者是一个战略性的导向。如果单纯地从刚才周老师说到的众创空间来理解"创客空间＋孵化器"的组合，我觉得还是狭义了一点。众创空间是大众创业新的创业组成模式。

我的第二个观点,众创空间是值得我们当前规划师和规划界关注的空间。整个国家的经济进入了新常态,前30年的高速发展之后出现了转型和升级的过程和阶段。在这个阶段中,"弯道超车"很多人都在提。弯道超车最关键的是什么?当然大家都说弯道最重要的是距离短,所以很快超过对方。但我觉得弯道超车最重要要看技术和思维理念。因此在弯道超车这个时代,众创是为了刺激新的经济发展,创造新的产业和经济形态而提出的一种新的方向。众创空间提出来之后,它对于整个城市空间、社会空间的重构有非常积极的意义。这块要有新的研究,尤其是在众创空间里面出现的多种众创形式。对于规划来说,在管理当中遇到的一些实际问题,比如说住改商的问题、三旧改造的问题、住改工的问题等,这些都突破了我们传统的思维。原来可能以为工厂就应放到工业用地上,商业放到商业用地上,但现在出现众创空间之后,它到底应该放在哪里?可以说目前还没有成熟的研究去界定众创空间,去研究它的规律。无论是研究方面,还是规划的技术方面,众创这种空间,众创这种理念我觉得可以做更深入的关注和研究。我们对众创空间的选择做过初步的研究,众创主要的人群目前来说主要是较高素质的年轻人,老年人或者是中老年人可能很少加入到其中。年轻人素质又比较高,在创业的初期需要这几种条件:第一个需要低成本,租金比较便宜;第二个是开放的空间,便于协调,便于同行之间的交流;第三个是便捷的交通配套设施,比如说公交车、停车,等等;第四个在氛围上相对来说是一种比较幽静、有特色的文化氛围。看起来好像有比较特定的空间,但实际上我们在做了研究比对,即对整个广州的创意产业的空间,和现在部分淘宝村的空间做了分析之后,众创空间无处不在。但是有别于传统的选择,它可能是介于工业、商业和住宅之间的一种新的空间形式。众创既然有灵活的空间选择,我们在对它的研究和对技术上的支撑的时候,可能就要从更新颖的一个角度去体会这样一种空间。这是我在它的空间选择上的观念。

众创空间的产生过程有别于传统的创业空间的过程。传统经济地理在解释选择创业空间的时候,要考虑区位、资源、市场区等。新的众创空间可能不需要考虑太多的资金的问题、太多的空间的问题以及太多的技术的问题,而更多关注运营的问题,即运营的协同性、引领性及运营是否是盈利的空间。所以如果没有资金,它可以去找投资者去投资;如果没有场地,有些可能不需要场地,有些可能找一个咖啡店,或者是找一个画室都可以做。简简单单看上去像一个咖啡店,但实际上它已经不仅仅满足传统的喝咖啡的需求,它还为很多的创业者创造了从事产业活动的空间。众创空间需要的配套服务与人才的要求跟传统的空间也有很大区别。众创空间更重要的是文化设施的配套或者是一些人才培养的更新颖的机制,从而培养跟众创相适应的人才;传统的空间可能需要的是开敞空间、交通这样的配套。众创空间生命周期目前还是缺乏一定的规律性。传统的产业周期无论是S形的还是波浪形的都有比较多的研究和成熟的模式,但是众创空间的产生本身就是一种实验,需要探索很多未知的东西。所以生命周期缺乏规律性,在我们的研究当中会出现很多的可能性。所以在众创空间的关注上,包括对它的特点的研究和机制上都要有新颖的思维。

  第三个观点还是关于众包、众筹、众创,刚才几位老师讲了,我也很赞同这个概念不是今天才有的,家庭联产承包责任制也算众包的概念。把原来的土地,国家不能再垄断,然后分给所有的农民去耕种。我们在做历史文化保护当中,比如古长城的修建、修复,旧祠堂、古村的修复,从村民家里搜集旧砖也是众筹的概念。为什么"三众"概念到今天才有它的现实意义呢?一方面是国家大力倡导,更重要的是目前技术到了"互联网+"阶段。在"互联网+"时代,众包、众创、众筹才具有了它的生命力、推广价值和意义。如果把线上的众包、众筹、众创跟线下的具体的规划编制、管理的一些活动结合起来,这个才是"互联网+"时代众包、众创、众筹对于规划管理的一个真正意义的体现。互联网的时代是一个汇聚很多思维和方式的时代。规划管理作为公共利益管理,是一个公共的东西,不能各自为政,你想怎么样就怎么样,还是要有一套成熟的标准,形成一个统一的价值观和一套成熟的标准体系。在运作当中可能灵活运作,就像我们现在有一套较为成熟的规划管理体系,里面可能最有效的是控规,控规是法定的依据。其他的规划都不是法定依据,所以在实施的只能是参考,但是控规不实施不行,这就是说它有一套统一的价值体系和标准体系。在"互联网+"的时代众包、众筹、众创,为了体现未来规划的权威性,我们的协会或者是行业,或者是一些能够起到引领作用的机构需要去创新性地建立一套标准体系,比如说做一些大数据的分析,哪些方法是真正可行的、成熟的。因为现在大家用的数据,你是从互联网抓取的,他也是从互联网抓取的,你用这种方法分析,他用那种分析,分析之后有可能产生矛盾。这个问题怎么去处理?可能现在还没有认真思考的,但是将来一定会有越来越多这样的事情发生。所以我觉得在"互联网+"时代怎么让众包、众筹、众创标准化、体系化,运作灵活化是需要去思考的问题。再一个例子是生态城市,大家都知道生态城市在国外发展很多年,到国内的规划界应用应该是在2000年广州的战略规划以后提出了生态引导(EOD)的发展模式,后来在各种规划里面一直都在体现生态,到了现在生态控制线成了法定的概念,生态控规有的地方都在做。所以这个是从研究分析,从百花齐放、百家争鸣,然后到了标准化、体系化的阶段。这才真正对社会管理、城市管理具有意义,所以还是要有这个思路。如果说我们20世纪八九十年代的规划只是画草图、晒蓝图,这是1.0版本的规划;到了90年代以后,电脑、网络和CAD技术的普遍运用之后,应该说规划师很少在纸上画出一幅成果图,都是在电脑上做成图、分析,这个可以界定为2.0版本的规划;到了"互联网+"的时代,网络对规划带来的推动意义,我觉得是到了3.0版本的规划,也是一种革命,对我们规划师来说还是有很好的机遇和前景。我就分享这么几个方面的观点。谢谢大家!

主持人：刚才专家做了非常好的发言，我稍微总结下再接着。刚才我们围绕有关众包、众筹、众创的话题，各个专家都从几个不同的方面做了解析。首先就是在概念的理解和实际的案例方面，比方说甄老师补充了一些案例，王总给出了一些他的理解。众包、众筹、众创不是今天才有的，早期可以延续到很多很多我们现实生活里面有的案例。第一个方面是大家的发言聚焦对概念的理解和已有案例的总结、提炼和追加；第二个方面就是刚才几位教授也很好地从我们规划管理和规划编制本身理念层面上提出了一些新的思考。例如刚才吴老师开篇的时候就讲到市场和规划本身是一个矛盾又统一的整体。我们规划需要更好地既呼应满足市场个性化追求，又与一种整体理性之间的矛盾下能不能与众包、众筹、众创这三个概念有更好的对接。例如刚才王院长总结了规划管理的一系列理念，特别是怎么样更好地体现多元化，吸纳更广泛的群体的意见，形成管理一致性的行动和相应不同层面上的协同，那么我们怎么样去转变规划的理念和思维。例如王德老师从实际的例子里面讲众包、众筹、众创，我们可以怎么样转变已有的自上而下的思维，达到更好的状态，让城市的主体参与到我们的城市建设和管理里面去，他也结合了一些例子做了说明。另外袁媛教授以她的理解进行了相应的补充，包括把众包、众筹、众创结合我们的规划提出了众规、众参以及如何众查、众监督等管理层面的延伸；第三个方面大家开始去关注当前背景下产生的研究问题，比方说甄教授从在这个背景下面所产生的创客空间进行研究，包括王总对他概念相应的呼应，认为这一系列创新的空间，创新的协作关系网络和社会空间的构建，将对城市规划研究提出新的问题。总体上前面讨论非常热烈，期待后面的发言者呼应刚才大家提的话题，然后更有针对性地进行讨论。

众包、众筹与众创的深度案例解读

詹庆明

(武汉大学城市设计学院)

詹庆明： 今天很高兴有机会参加大家的讨论，我看到嘉宾中有很多的新鲜血液，这预示下一代的规划师会引起广泛关注。我根据周老师的课题进行思考，跟我们的服务对象做了衔接，我想以这个标题来展开我的观点和想法。我把众包、众筹、众创进行归纳，众包就是把政府需要做但是忙不过来的事情交给社会，社会包含机构、NGO公司甚至个人，"包"有的是"大的包"有的是"小的包"。众筹理解成市民或公众想做，但是还排不上日程，或者比较难落实的事情，通过众筹的方式自主、自筹，再加上政府、NGO来支持资助的方式实现。众创是草根型的，通过鼓励创新，李总理就是在呼吁大家以万众创业方式来支持机构、NGO、公司，甚至将个人忙不过来、没有想到，但市民也有需求的服务做起来。也许我把有些概念放大了，有的限制了，理解三个"众"跟我们之间有没有抓手，如何切入是重中之重。

下面我将结合几个案例进行解释，众包中有一个案例是我曾经参加过的深圳市的项目评审，这个项目是深圳市通过规划局信息中心进行违法建设监测梳理工作，把违法建设监测工作外包给一家公司。该公司通过对照遥感影像图，根据图像斑块对照发现违法建设，给政府提供执法的信息。众包的方式取得了很明显的效果，违法建设从2005年的40%，减少到2009年的8%，到今年这个比例仍在进一步地降低。目前，深圳市每三个月就会进行一次违法建筑的监测，这样重复性的工作单靠政府的力量是无法完成的。而通过市场众包的方式，借助社会合作伙伴的力量，既能降低成本，减少雇佣固定编制员工，同时也提高了行政效率，更有效地发现和解决城市建设管理问题。

我也举个众筹的例子，就是荷兰的人行天桥，这个桥实际上跨越两个行政区，是市民自己建设的。荷兰市民表达了"我有一个梦"的想法，从市民的角度来讲，希望每天从这里能够轻松便捷地跨过铁路到达火车站。通过众筹的方式来吸引公众的参与，引起政府的重视以及各部门的配合，是一个公益性的项目。这个项目较复杂，人行天桥要穿过一个建筑物——办公楼，业主需要协调同意；穿过城市的主要交通干道，市政部门要配合，这里面还跨越铁路，这是一个大部门，而要跟铁路部门协调是很难的，包括政府出面都很困难。人行天桥有一边跨过一个加油站，类似这样的问题有相当大的复杂性，但却完整地做成了，而且是在各方支持下做成的,支持者的名字都刻在上面。众筹参与我们了整个项目,大家的事情也都由大家自己办成了。整个桥上面全是贡献者的名字,这也是一种回报,因为这是一个公益性项目,大家来做,共同来彰显社会的价值。

众筹还有一个例子,荷兰的城市地图是一种众筹模式。1∶1000的城市地图每年都需要进行绘制,其中国防部只占据了40%的股份,而城市政府包括规划局占了20%的股份,然后地级产权(相当于国土局)占据了20%,剩下的20%由自来水、电信、道路等市政部门进行分摊。一个国家基本的地形图都可以用政府间不同的部门众筹运营。尽管当时还没有"众筹"这个概念,但是我认为两者还是有关联性的。

众创在规划管理上还有一些应用,例如规划管理部门的审批、报建等信息都在规划局的信息中心里面,这些信息库或服务器里面的内容可以通过授权发布的方式让需要这些信息的社会群体去获取,公司在不违反相应法规的情况下也可以获取使用这些信息。这些信息可以通过APP的方式向外公开,使用者个体可以随时获取报建、审批等最新的信息。例如从报建到审批一共有多个时间节点,可以随时查询进度,减少个体用户的焦虑或对规划局工作的干扰。一方面提高效率,另一方面对建设透明政府、提高政府形象也有重要的意义。其中,创客作为APP的运营商,可以通过插播广告的方式来维持APP的运行,甚至能盈利,这其实就是在规划管理中通过众创实现多方共赢的案例。这样的案例还有很多,我就举这样的一个例子供参考。谢谢大家!

主持人: 谢谢詹老师分享的精彩案例,接下来有请李江所长给我们作报告。

众筹与众创的案例与建议

李 江

（深圳市规划国土发展研究中心）

李江：很高兴借此机会跟大家学习探讨众包、众筹、众创。"众筹"和"众创"往大的方向说，就是解决规划管理中政府与市场的关系。那么说得再小一点的话，是公众参与的2.0升级版，过去公众参与在规划当中一直有，但是现在公众参与的手段越来越多样化，特别是借助互联网，公众参与由过去的被动参与到今天的主动参与。这对于我们规划管理方面是一个非常好的解决方案。"众包"这一块从理论上来说，我只提一点，它其实是向社会筹集了标准化的劳动，"众筹"它的本意是向公众筹集资金，"众创"是向社会筹集非标准的劳动。

接下来我讲两个案例来理解这个概念：第一个是以深圳为主的案例，深圳有一个小渔村比较有名气，叫较场尾，这个小渔村的位置在大鹏半岛，是深圳很偏的一个地方，交通条件不是很便利，而且它受到生态控制的影响，这里不发展工业，其他产业发展也受到限制。当地政府在思考"怎么发展"这个问题，有人建议发展民俗，因为随着人们生活水平提高之后大家都想到海边旅游，到海边旅游之后大家要吃要住，这个地方环境不错，可以发展这个。但是原有的村民居住的城中村环境都比较差，而且外观也很丑。这个时候规划国土部门和一家民营机构联合建立工作坊，并向社会征集发展的方案。较场尾的居住小区特别多，包括一个个独立的城中村，这个工作坊项目公布以后参与的设计师特别多，大家在网上看到这个信息之后开始提供方案，并且定期参加工作坊，然后大家开始PK。通过几轮讨论之后，村民也开始参加讨论，最后达成一致意见就开始动工。动工的时候缺少资金，刚才我们说的方案是众筹，即钱由政府出一些，村民出一些，有些村民没钱怎么办呢？就把自己的家包给别人。深圳有一些人是搞投资的，他把村民的家承包了，比如承包二十年，每个月把租金打给村民，剩下的村民的家进行改造投资。现在这个改造基本完成，沿海一带全部改造完，离海较远的地方还在改造。这个特点非常突出，并逐渐由游客做宣传，现在在社会上影响很大，便宜一点的房间二三百，贵一点的一晚上一千多，去这个地方还要提前预订。目前已成为美食、旅游、创意文化一体化的城中村。这个案例把"众包和众筹"的概念全部集中在一起了。

第二个案例是我参加的一个"一号平台"的建设项目，"一号平台"是通过一个发起人将全市320个城中村都集聚在一起，建立一个城中村联盟，从而打造一个平台，其作用有四个方面:第一个是提供咨询,为城市的发展提供咨询和服务;第二个是做培训,从接触中我们感觉到村干部的管理水平及文化素质比城市略差一些,所以需要对村民进行培训教育和再提升;第三个是做研究,受村里的委托或者其他机构的委托做有关城中村的发展研究;第四个是推荐,包括招商的推荐。这个搭建起来之后费用从哪来呢?这就是众筹的过程,希望社会给它投资,投资上市之后也会有一定回报。

其实这两个案例,众筹、众包的概念都是在整个过程中贯穿的。至于众创,我们在座的都是规划师和设计师,本身就是创客,每天都在发挥自己的聪明才智,为城市的发展提供方案。所在的办公场所不管是写字楼,还是工业区改造的厂房,都是创客空间。并非文化、工业设计领域里面才叫创客空间,我们每个人都是创客,都在为城市的发展提供意见。

关于规划到底要做什么?如何管理?在这里我主要说两点:众包、众筹、众创参与到城市规划当中时,第一个点是处理好理想与理性的关系。我们发动社会资源、智慧来为城市的建设献计献策,当然有些建议都是从需求出发,同时人们对问题的认识是多元的,不同角度的。但是城市规划的管理其实是有标准的。管理是理性的,来自社会规划的方案有时候是理想的,是非理性的,所以理性和理想之间还是有一定的差距,这个时候我们该怎么办?比如说涉及要改变我们的城市规划管理的标准和要求的时候,假如说理想是反映了普通大众的需求,那么我们的标准就要做出一些调整和改变,以满足城市发展的需求;第二是处理好有限和无限的关系。我们搜集到来自社会提供的方案,包含海量的信息、海量的数据,多元的需求,进一步拓展了我们的视野,规划管理在满足大众需求的条件下可以做一些调整,做一些技术规范。但是在规划管理当中还是必须要守住我们的底线,比如说生态控制线的问题、蓝线的问题、绿线的问题,这些"线"涉及城市安全、生态景观等最主要的问题。当征求方案的时候,大家提出要突破这个方案该怎么办?那这个时候就要处理好"有限"和"无限"的关系。谢谢大家!

主持人: 谢谢李所长给我们的补充性案例,之前的发言主要关注三个词的本身,李所长刚做了很好的补充,这三个词汇是有共性的,之后要回到在实际案例里面共性、相通的方面,刚才李所长补充了很好的例子,并且从固化管理角度进一步提出自己的观点。

众包、众筹与众创模式新尝试：
上海城市设计联盟

石 崧

（上海市城市规划设计研究院总体规划编制中心）

石崧：谢谢周老师、各位嘉宾和在场的各位同仁。今天大家坐在一起交流，本身也是一个众筹、众包的过程，众创可能是根据大家的创意，最后由周老师一起汇总。我记得在群里讨论的时候，有一个题目和我最近做的工作很相关。因为从去年下半年开始，就不断参与或者是筹划很多平台的搭建。我记得在第一天的大会上，有一位专家说，不同的时代存在不同企业的特征，从工厂到公司再到平台，他用了马云的那一句话，我觉得有一定的道理，因为我从去年开始就在不断地搭建各种各样的平台。今天想介绍的是我花精力最多的工作，就是搭建上海城市设计联盟，它是一个工作平台。我想把联盟的主要情况给大家做一个介绍，也许通过这样的工作过程可以看到我们怎么来实现众包、众筹和众创。

说起来这个联盟的搭建非常有意思，它源于2014年的11月28日，当时我们院的领导召集上海的一些设计机构，当时上海设计机构主要的负责人在一起开研讨会，与会的大佬们提出是不是可以围绕城市设计的领域做一些工作，做一些跟以往不一样的事情，当场就提出来能否创建一个上海城市设计联盟的机构把大家的力量整合在一起。根据这个倡议，我们很快就开展了工作，并于12月10号组织了一批联络员讨论细节，大家纷纷出谋划策，明确方向，最后确定方案。在12月28日，就成立这个联盟。从工作的发起到联盟的成立共耗时一个月。在这一个月的时间里面，我们把整个联盟定下来的一个机构，包括了很多的领域，从战略咨询、城乡规划、建筑设计、风景园林设计到环境艺术打造，不同领域的机构整合在一起来做工作。所以那天上海的规划协会、建筑协会、园林协会的会长都和我们一起参与到建成这样的联盟里面来。这是我们当时的照片，大家一起上台进行推杆的仪式。联盟的宗旨大家可以看到，叫互联互通、共享共治、众筹众包、合作共赢，和今天讨论的主题是高度地吻合和相关。联盟的架构有几个层面：一个是理事单位，即12家发起机构作为联盟的理事，相对的它要承担一些更大的责任；同时面向所有的设计机构开放，希望大家都能够成为我们的成员；此外还有媒体支持单位，就是现在大家看到的上海澎湃新闻的市政厅作为媒体支持单位。在这样一个联盟里，并没有像其他机构一样设有主席单位，所有的单位机构是平等的关系，所以每年有两家机构作为轮值主席单位，每两个月有两家机构作为双月执行机构，开展各种各样的活动，下面常设有三个部门：一个是联盟的学术委员会，各家单位推荐学术专家组成，讨论技术层面的问题；还有一个是精神委员会，其实是联络员的委员会，每家单位有一个联络员；最后一个是秘书处，为大家做服务性的工作，这是我们基本的组织架构。

这些机构在一起之后具体做什么呢？其实最开始并不清楚，我们就是觉得好像有这种需求，这个需求是到了寒冬要抱团取暖。我们称之为"三众"，国务院现在称"四众"，多了一个"众扶"，"众扶"就是快要倒了大家一起来帮一把。从12月28日成立至今已经运转了将近9个月，发现一些新的有意思的方面，就是很多在成立之初没有想到的事情现在开始在做。我们大概开展了三类活动：第一类是我们分享各家的信息，每一家机构都有义务把自己的学术论坛，学术讲座，各种活动在平台上进行分享，请联盟的成员单位共同参与，一起进行交流；第二类活动是整合机构资源，搭建城市设计服务平台。整个机构囊括了整个城市规划或者建设工作全流程的领域，包括从最早的策划一直到最后的施工。在这种情况下，我们一开始没有意识到这之间的巨大力量，但在成立之后很快发现政府对我们的联盟产生了浓厚的兴趣。一开始是上海市局，他们有大量的规划设计工作可以直接通过联盟来完成，没有联盟之前他们向社会发标，但是政府不熟悉招标的企业，它是一对多的平台，但在有了联盟之后，它可以找到我们的秘书处或者是轮值机构，对于政府而言从原来的一对多变成了一对一，然后通过联盟的平台进行信息发布。今年上半年有大量的上海设计任务通过我们的联盟进行发布。接下来各个区政府发现了里面的好处，它既可以省事，也可以用非常简便快捷的渠道找到最好的机构，让政府跟设计机构之间的信息更加地对称、公开透明，而不是说以往我们有一个很好的关系就让你来帮我们做，这个里面的规定越来越严格，风险也越来越大。政府需要找到好的设计单位来做，政府通过联盟平台很快找到需要的乙方；第三类活动是汇聚联盟的力量来参与重大的活动。我们最初的想法是每年联盟要开展一个活动，比如说每年做一个课题，办一个展览。今年9月份，上海开始有一个市政府推动的城市公共空间的艺术季，全市的所有的区县要参与进来办展，很快他们找到联盟，以整体的方式做参展。这就是我们做的一些工作。同时我们在联盟成立之后马上就发出了关于上海城市设计的十条相关倡议，这十条倡议也是通过各家单位的公众微信号，通过我们澎湃的市政厅微信进行发布，而且各家单位设计卡通版、Q版、萌版争奇斗艳。

这就是现在联盟的组织架构，大家可以看到其中有12家联盟理事单位，右边是在9个月的过程中新纳入的15家机构，再加上媒体将近30家。机构的第一个特色就是行业领域较齐全；第二个特色是它的单位类型比较丰富，例如有外资，大量的外企：麦肯锡、AECOM，还有像德国排名前三的设计机构、英国最大的规划设计机构、意大利最大的设计规划单位。还有事业单位，如规划院；也有国企，比如说华东建筑总院；还有民企，比如说上海的天华、深圳的城市空间；第三个就是单位的权威性，大家可以很清楚地看到，很多熟悉的（比如做咨询的麦肯锡，做设计的 AECOM、SOM，做建筑的华东总院）机构都容纳进来。甚至已经有房地产企业在关注，我们这里有两家地产公司：一家是万通（立体城市研究院）；一家是万科。联盟成立一开始，万通前主席冯仑非常关注，认为要参加；上海万科重新整合资源的设计部也纳入进来。12 月 28 号成立，12 月 31 日晚上我们就开展了一个活动，叫作城市设计青年部落跨年的欢聚季。这个活动完全是众筹众包，就是有钱出钱，有力出力，有的单位出场地，有的单位是出节目，更多的单位是出人和出钱。整个跨年欢聚季花费不到 20 万，大概十七八万，但是整个设计联盟的众包众筹单位在一个星期的时间内筹到了 15 万。另外，由 SOM 公司和我们规划院两家轮值时，一起办了城市更新的沙龙。在这个沙龙里面有跟今天一样的主题发言、专家的研讨，所有与会的专家参会都是免费的。这是联盟的一个规则，你参加联盟活动我们并不支付任何的费用。包括 SOM 的旧金山的设计总监从旧金山飞到上海完全是自费，其中体现了自己的一个乐趣，以及后面的 AECOM 和浦东规划院来办的活动。令大家意想不到的是我们还办音乐会、音乐剧，在 7 月份和 8 月份是 KFS 的加拿大建筑事务所在举办，他们有自己音乐会的资源，整个是对公众售票的，其中有一场不对外的联盟的专场。在开会之前我们专门请作家、规划师、建筑师来研讨，然后再有专业的音乐剧表演。最后一个是今年联盟最大的活动，就是下一个月——10 月 17 号开始的在上海设计中心的城市更新展览，我们现在正紧锣密鼓地开展，包括整个团队、整个案例的提供以及我们的费用完全是众筹筹出来的，每家单位平摊下来大概两到三万块钱。如果在座的设计机构的同仁有兴趣参与，可以给我们发邮件、打电话，我们有开放和公平的渠道供大家参考。

最后我想通过这个工作，给大家汇报一下感悟。今天上午我用了半个小时众筹了一个项目，在我出发之前上海某区的领导告诉我，有一个上海地标的城市设计，让我帮忙找设计机构，我说可以。我在我们群里面发了一条信息，结果半个小时内就有三家机构跟我联系，表示有兴趣参加。后来他们把材料发给我，这个事情就可以很快地操作完成。这就是在这样"互联网＋"的时代，我们的设计机构如何实验众筹、众包、众扶、众创，我想给大家提供一个实际的案例。

主持人：非常感谢石总给出这么鲜活的案例，看来上海进行了尝试，并且取得了成效。非常期待大家畅所欲言，留一点时间给大家做互动。在座的各位专家以及各位代表，大家对刚才观点有没有什么疑问，或者是有什么不同的观点，我们再给 20 多分钟自由讨论的时间。看看有没有哪位想做一些发言？我先提一个问题给石总，您刚才提到很好的联盟模式，我好奇的是背后怎么发挥它们之间的协作分工以及如何避免不必要的纷争？有什么协作机制？

石崧：这个是我们在操作过程中面临的实际问题。第一点，我们是服务大家、服务每一家机构，所以尽量跟每一家单位沟通，一个宗旨就是不给大家添麻烦。如果大家参加这个联盟需要每个月都在想搞各种各样的活动，对每一家设计机构而言都是一个负担。如果跟他们说只是提供信息，你同样要做这样一件事情。这样一来，一个角色的转变就让大家觉得事情下来之后我确实是这样做的，大家觉得参加联盟有意思，没有负担，就没有压力。慢慢做着就觉得参加这个联盟还有钱赚，就更有兴趣了。第二点就是不同的机构有竞争的关系，一个信息发布之后，可以根据自己的特长，做过一些类似的来沟通。因为三十多家单位，一个星期发布下来会有四五家反馈，反馈之后把信息提供过来给甲方，在这个当中联盟没有任何倾向性的色彩，只是做一个信息平台的工作，然后由甲方和这些机构进行对接，联盟的角色相对比较公正。竞争一定会有，但是竞争的关系是由我们的机构直接和甲方打交道，平台可以保证公正、公平和公开。

主持人：在这背后还是否要有招投标的约束？

石崧：有两种情况，一种是我跟甲方的公司具有很好的关系，可能会有陪标，这是市场上常见的一种情况，但是这个就会涉及潜规则或暗箱操作，一旦出问题是有风险的，我们不这样做。第二种是我们按照正常的公开公正的方式招投标，但是对政府而言面临的是一个深潭，它完全不知道设计的水有多深，可能就按价格最低者中标，政府不知道这些机构在这个领域它的特长，它做过什么项目，它的技术力量的配备。但是通过这个联盟我们可以有针对性地帮政府做一些推荐和筛选，这样保证信息传递更加准确。像浦东新区政府跟我们合作了三个多月，发布了二十多个项目都是跟我们合作，每一个项目基本上都能够保证找到政府最想要最合适的那个机构。所以，一个好的信息机构对双方的帮助是巨大的。

提问一：我想请问王建军，众创空间在历史文化街区的可行性？历史街区交通条件较差，它的居民构成都是老龄化群体以及一些弱势群体为主，在这个地方是不是有众创空间建设的可行性，如果有，那么需要哪些政策方面的支持或者规划方面的帮助？

王建军：你谈到的这个问题，其实我们现在对于历史文化街区里面众创空间形式的研究还是比较浅显的，还没有进行系统的研究。因为新型的众创空间，相对来说它靠近高知人群或者是有成长力的企业。目前来说，历史文化街区还是有很多的可能性去产生一些众创的空间，因为它的空间利用会相对比较灵活，它不像一些CBD或者是城市新区，这样的地区产生众创空间的话，可能它的局限性会比较大。可能会是某一种类型的，比如是针对于产业或者是商业贸易的,会在新区产生,但是针对于文化,或者是理念、营销这样一种类型,有可能会在历史文化街区的空间产生。虽然它的空间距离高知人才相对比较遥远,但是历史文化街区的好处就在于它离"众"比较近,会产生很多的火花,或者说有很好的市场基础的空间。而且历史文化街区里面,如果要做一些类似的众创空间,我觉得首先还是要解决公共交通以及历史文化的元素遗产跟发展之间的关系的梳理。公共交通,首先要让很多人非常方便的到达历史街区,历史街区往往是很难停车,公交车往往是开不进去的。如果这个问题解决不了,可以做一个步行街区,通过历史文化街区的街区化打造,来形成这样一个空间,形成一种平行式分布的格式,对于这种众创空间来说它的选择会有更多的可能。对于其他的配套,我觉得在街区里面要通过宣传,然后通过它所在的这个街区的保护去提升创客空间或者是所说的众创空间的形象,吸引大家去到你这个地方来从事一些相关的产业的活动,或者是一些文化交流的活动,这样的话对于空间来说会有更好的利用。这些是我初步的看法,回答不一定满足你的要求。

石崧:刚才注意到我们好几位专家谈到的创新创意的空间的问题,我个人其实是有一点点担忧的,我很认同吴老师的观点,就是我们现在"创",特别是在空间上面需要很谨慎,规划师对每一个"创的空间"要谨慎对待。我很担心这个空间最后会沦为地产化。可以看到过去的十年二十年,从农村、政府到规划到经济学我们炮制了很多的概念,从早期的工业园区、总部经济到最近的智慧产业、文化创意产业等,我们发现一个趋势是到最后所有概念的逻辑一定是地产逻辑。至于这个地产上在做什么反而是没人关注。现在提众创空间如果说还是按照过去的思路来做会是非常危险的事情,对城市更新的工作会是非常大的隐忧。规划师拿到众创空间的项目我们都要去看去想它是怎么样来做,而且"创"这个东西,其实创业的每一个阶段对于资金的要求,对于空间的要求,对于人的要求都是不一样的。针对 A 轮、B 轮、还是天使轮投资等,你要针对它不同的要求提供创业空间,这个时候我们的规划师有很多未知的领域跟理念,对地产不熟悉不了解,对金融不熟悉不了解,对人才政策也不熟悉不了解,所以我们要把这些工作做透才会有更深理解。

王建军:我非常赞同吴总和石总的观点,我也做过历史文化、传统村落的创意空间研究,一旦你控制不够,或者说政府的规划、管理不到位的时候,这种创意空间可能会变成泛滥的空间,原来地方的品质会遭受很大的影响,出现很多问题。所以我刚才也联想到吴总你一开始讲的模型,个体利益在寻求最大化的可能性的时候,就需要政府从公共利益的角度去进行统筹和平衡。创客空间或者说众创空间目前我觉得更多的是个体的行为,虽然政府鼓励大家做,但是目前还没有一个统一的做法,或者是说要避免做哪些,所以这个时候政府的规划师或者说规划学界提前做一些研究,预防未来发生的问题,我觉得这个是规划师将来的要去做的事情和职责。

石崧:中间讲的"创"是个人的行为,但是现在我在上海看到的情况是,政府在这个过程中也许会扮演比较有意思的角色,就是上海的每一个区政府,我相信其他的城市的区政府都会变成这样,它会变成指标,或者说一种政治上的态度,就是我必须要众创空间出来才表示区政府跟得上号召。但如果所有的区都不根据自己的真实情况来考虑就会变得很可怕。实际上我们过去的逻辑是在不断地再循环。

公服设施布点规划的众创与众筹思维

黄 瓴

（重庆大学建筑城规学院）

黄瓴： 我刚才听了几个老师讲的内容，我有一些分享，就是我们最近在做重庆市渝中区的环卫设施布点的规划。周老师关于众创跟规划管理怎么应对的讨论，我正好遇到这样的问题，就是那个设施布点在渝中区根本做不下去。按照我们的规定一定要有服务半径，但就是下不去，成了一个难点，规划管理该怎么办？我们现在的解题方式就是加入了PPP的模式，拿到更大的城市尺度上去统筹垃圾的转运，我觉得这个问题在未来的城市会出现。这个算不算是一个众创、众筹的问题，或者说是一个可以讨论的方向？我个人认为在存量规划里面，重庆做整个城乡全覆盖，有很多个专项规划合到一张图上，如果管理是用原来的规划管理方式，根本难以为继，所有的设施都要占用棚改地或者落到绿地里面去，是根本不可实施的。这个时候我们管理共创的思维和出路在哪里？我就提这个问题，我觉得还需要很多思考。谢谢！

主持人： 谢谢黄老师，我们确实没有太多的时间可以进行深入地探讨。今天早上非常荣幸请到各位专家对这个比较时髦的话题展开的一些演讲和争论、探讨，我简单地总结一下，包括对这三个概念的一些理解和辨析，到落实到呼应目前的规划理念，以及现有的什么样的规划案例和模式的总结，都做了非常好的梳理，此外就是在后半段我们几位专家把前面讨论的话题，跟规划实务，特别是规划的项目组织，比如说上海的联盟，在这样一个背景下面我们怎么落实优化规划编制的标准、规范，以及如何更好地实施专项的规划，比如说针对公共空间的、公共服务的、城市安全的，这些专项如何充分发挥三个"众"的理念，来更好发挥它辅助编制的效果。此外在具体的操作层面，例如我们怎样更好运用这样的理念进行现状资料的搜集，发展新形式的公众参与，到最后探讨这样的理念下面临怎样的风险。我个人认为这样的风险恰恰是需要我们进一步延伸、去深入探讨的一个重要方面。我们在接受一个新事物的同时要防患于未然。对于政府决策者而言，不要一窝蜂的开展工作，在这背后有哪些是可为的，哪些是不可为的，哪些是有潜在风险的。这些都非常期待各位专家和代表后续进一步延伸和探讨。谢谢大家的参与！

第三部分
众包理念下的新型城市治理

在众包理念下,众包地理信息服务近年来得到全面的发展并催生了一系列新的城市治理模式,本部分基于国内外相关文献和资料,综述了众包地理信息服务的兴起与发展状况,探讨在众包理念下的参与式新型城市治理模式与转型,以及结合多智能体地理模拟等信息技术手段的新型公众参与技术和方法。

众包地理信息服务的兴起与发展

彭伊侬　周素红

（中山大学地理科学与规划学院）

1. 概念溯源

"众包"（crowdsourcing）作为一个伴随信息技术的发展出现的新兴概念，最早由杰夫·豪威（Jeff Howe）在 2008 年提出，指的是在商业活动过程中，将原本由员工执行的任务以自由自愿形式面向公众外包的行为[1]。随着该概念的不断发展，众包理念的应用已不仅仅局限于商业运作领域[2]，它泛指一系列群体性的参与实践活动，在实践中所有个体均可成为实体物品（goods）或虚体服务（service）的提供者[3]。在众包实践中，存在民众和众包发起者（crowdsourcer）等行动者。发起者通过特定媒介呼吁公众参与既有任务，公众可获得一定的回报。

众包具有开放式生产、动态性组织构成、个体性空间分布以及自主性参与等特征[4]。通过众包能够挖掘潜在可利用资源并降低生产成本，同时挖掘用户的个性化需求[5]。大部分学者对于众包革命以及用户交互网络的出现都表示了乐观的态度[6]，但同时也有安德鲁·基恩（Andrew Keen）等学者认为众包的趋势可能过分强化了业余参与者的影响，而牺牲了专家与专业机构等的利益[7]。目前众包相关研究最主要集中在计算机科学领域，如以亚马逊的在线劳动力市场土耳其机器人（Mechanical Turk）为例，探讨其作为一个典型的众包式网站的运作模式[8]。

众包概念在地理领域的运用主要表现为大规模多样化群体的数据采集模式，这既使得地理信息数据成为大数据的重要组成部分，也引发了对传统地理数据产生、运用模式的重要变革。早期地理信息的传播途径以实体地图为主，在制图者与地图使用者之间传播[9]。地理信息的产生最初源于国家权力机关的军事目的，后面逐步拓展到国民经济、社会等领域。在传统的数据收集模式中，这项工作由受过专业性培训的工作人员遵循既定规则完成，地图使用者被动接受信息，与制图者之间没有信息互动与反馈。直到 20 世纪末期，地理信息传播模式仍为自上而下、由中心到外围的集权主义。

随着网络信息化的发展，传统的信息分发模式开始改变，与 GIS 技术结合更是诞生了诸多新理念与应用。特纳(Turner)提出"新地理"(neogeography)概念用于描述多用户参与地理信息数据采集的模式[10]以及由此带来的专业与非专业人群在生产地理知识时壁垒的消失。这种新地理学的本质是个体与他人共享位置信息与相关知识，表达自身对地方(place)知识的理解，为他人提供地理信息服务。2007年，古德柴尔德(Goodchild)首次提出志愿地理信息(Volunteered Geographic Information，VGI)概念[11]，即用户利用网络媒介，通过电子设备或平台实现地理信息的创建、分享、分析以及维护等。他从空间信息的产生过程对其进行界定，指出这种数据收集活动是休闲(leisure)、非付费工作(non-paid work)的活动。另一个与 Volunteered Geographic Information 意义基本相同的概念为 Crowdsourcing Geospatial Data，即众包地理数据[12]。在这种新模式下，空间地理信息的传播模式实现了从单向的信息传递向双向的信息交流，以及从层级信息传播模式向扁平化信息传播模式的转变。

目前对于"众包地理信息"概念的定义已有一个大致的共识，但对于其具体内涵仍然众说纷纭。法伊克(Feick)认为VGI囊括了智能手机数据、定位照片等经验性个人地理数据，以及非专业气象站数据、野生动物定位等科学性的地理数据[13]。而哈维(Harvey)则提出强制性地理数据(Contributed Geographic Infomration，CGI)的概念，认为手机轨迹数据、交通卡轨迹数据等是以一整套条款服务形式呈现的，用户无法灵活自由选择是否需提供位置信息的数据。是强制性地理数据，不属于志愿地理数据范畴[14]。

2. 众包地理信息产生背景

2.1 技术背景

随着科学技术的进步，大众信息交流模式的发展过程可分为以下三个阶段：面对面阶段的语言交流；印刷阶段的书面交流以及信息技术阶段的电子媒介交流[15]。众多研究认为，众包地理知识形成的技术基础在于全球卫星导航系统(GNSS)以及web2.0技术的发展。通过GPS定位终端、智能手机等地理参考系统，普通公民得以精确获取并分享自身位置信息。在web2.0网络中，用户可以通过API直接链接到数据库，从而使得信息的上传与储存成为可能[16]。这类位置信息随后被转换为计算机格式，以中央数据库(central database)或云网络环境(cloud computing environment)等形式储存[17]，并进行后续的集成与加工处理。

一方面，信息技术克服了专业地理知识的门槛，使得没有受过正式培训的公民也可以参与到地理信息数据的产生与传播之中。另一方面，互联网用户的爆炸性增长为参与地理信息共享的公众群体规模奠定了基础。

2.2 社会背景

布伦斯(Bruns)指出，在研究众包地理信息的产生模式时，不能仅仅关注其在技术层面的内涵,还应当关注人类驱动这一因素[18]。在志愿地理信息中,公众开始参与到他们周边的地理环境中。空间地理信息对用户的知识门槛下降,信息获取不再囿于受过专业培训的技术人员。众包下的空间知识生产实质上是多主体自我表达的综合过程,是对传统地理主体二元论概念的一种革新[19]。

在志愿地理信息中,公民参与到他们周边的地理环境中,地理数据的生产者、服务供应商以及数据用户之间的边界开始模糊。"produsers"一词被用于形容在众包地理信息中,公众同时扮演着生产和使用者的双重角色。而Streilein(斯特里林)更是进一步将众包信息的参与者划分为地图爱好者、偶然的地理信息提供者、被动的地理信息提供者、地图学领域专家等多类群体[20]。

伴随行动者角色的转变,志愿地理信息的产生过程不同于传统的自上而下的方式,其数据传播与使用模式表现出显著的自下而上的特征。在地理信息上传到互联网络之后,用户间的交互又产生了新的衍生数据,附加值进一步提高。这种自下而上的数据产生模式的一个重要社会基础是民众对数据收集与分享的积极性与能力。相关研究显示,尽管参与者在数据产生过程中并不能获得直接的经济收益,但许多参与者仍然愿意在地理信息共享的任务上花费时间[21]。科尔曼(Coleman)更是进一步将公众参与动力分为利他心理、个人兴趣、自身知识获取、虚拟社会融入感、提升个人声誉、地方自豪感等多种不同类别[22]。在地理信息共享能力方面,威廉森(Williamson)用空间能力(spatial enablement)来描述公众使用定位技术与利用地理信息的水平[23]。

3. 众包地理信息特征

3.1 数据规模大,具有免费性

地理信息数据最显著突出的特征是其大规模的数据体量。当今全球范围内每天平均约有1亿字节的数据产生,覆盖了地球表面几乎所有信息[24]。志愿地理信息的重要来源是大规模的非专业群体,而并非小型的专家决策。这种自下而上的产生模式也引发了地理信息资源的爆炸性增长。如今个人位置信息已被马尼卡(Manyika)认为是五大主要的大数据类别之一[25]。安德烈·哈德逊-史密斯(Andrew Hudson-Smith)等人认为在众包地理信息的概念下,地理数据通过共享实现了数据增值,形成了为公众制图(mapping for the masses)的地理学新范式[26]。

在成熟信息技术的支撑下,众包地理数据对比传统数据的突出优势在于其免费性。众包数据可以通过一批愿意持续从事相关任务的群体通过网络平台实现空间数据的获取,专业的测绘设备以及系统软件不再是必要条件。众包地理数据的产生过程也并没有严密的组织,因此也不像传统地理数据一般受到市场力量的约束,从而实现了经济成本上的节约。此

外,基于网络平台的地图的更新方式不再受到组织性现场勘测的周期限制,公众作为自发的传感器能实时反映地理环境的变化,基于互联网的传播也显著提高了信息传输效率。因而地理信息的更新时间有效缩短,即时性得到了明显提高。

3.2 数据质量不均匀

由于志愿地理信息的一大特征是其由众多观察者组成的群体产生,比个体观察者获得的信息更为真实可靠。但在这种自下而上模式中,公众对他们的观点与信息有字节的控制权,来自专业领域的监督与控制比传统地理数据更为微弱。这导致了地理信息质量的空间不均衡的问题,在人口稀疏的偏远地区产生的地理信息精确度,不及人口稠密地区收集的地理信息精确度。如哈克卢伊(Haklay)对 Open Street Map 与测绘数据的对比研究指出,伦敦、伯明翰等大型城市的地理信息完整性明显高于其他城市,地理信息的质量受到人口密度与收入水平的共同影响[27]。相比之下,传统的地图绘制模式因为在绘图过程中对质量进行控制,其提供的地理信息质量更为均匀[28]。

志愿地理信息的分享不受到既定规则或制度的限制,部分学者专门进行了面向数据问题的对策研究。如古德柴尔德(Goodchild)提出的众包途径、信用途径与空间距离途径三种方式[29]。通过众包途径的地理信息的评估与审查的典型案例有：Wikimapia 采用志愿者对信息逐条进行多层审查;Google Map 则是通过提交错误报告的方式对数据误差进行纠偏等。信用途径指的是依赖某些做出大比重贡献的个体,如维基百科的声誉系统(reputation system),根据用户贡献赋予不同层级的权力范围与工作责任[30]。空间距离途径则是将获取的地理信息与普遍的地理知识进行对比,对当地更为熟悉的居民贡献的地理信息可信度更高。不同的数据审核方式也导致了数据的共享与再利用周期长短有所不同。Flickr、Facebook 等网站用户数据上传与数据信息提取之间几乎不存在间隔;而 Wikimapia 等网站用户数据上传之后,需要经过审核期才能进行数据利用。

3.3 小结

众包地理信息的应用范围很广,发展前景极佳。众多研究将 VGI 作为一种新的地理参与方式,在使用方便、更新周期短、用户交互性能好等方面对它予以高度评价[31]。但也有学者持不同观点,认为非均质的众包数据可能加剧了当今社会的不平等现象,产生网络媒介作用下的社会隔离并形成新的数字鸿沟(digital divide)。

4. VGI 理念在西方国家的应用

志愿地理信息的应用惠及了公众、政府、企业等多个群体[32],涉及了政治、经济、社会等城市发展的各个方面。它的主要运用领域可分为日常服务、城市管理、灾难管理等。

4.1 日常服务

有关互联网技术对工作日常交流的改变存在两种不同的观点:部分学者认为互联网社区创造了一个新的公共交互领域[33];而另一部分则认为它仅是对传统社会关系网络的强化[34]。从地理学的角度审视,这类基于空间参考的用户平台是空间知识在大众群体间传播的一个新媒介。如 Open Street Map 和 Wikimapia 等网络地图均支持用户分享周边的空间信息,对网站内容进行更新,并通过网站的个性化服务实现自身需求[35]。Open Street Map 创立于 2004 年,随着信息技术的发展与公众意识的进步,网址在 2008 年之后发展迅速,在 2008 年下半年间用户数目的增长率达到了 100%[36]。随后,Open Street Map 进一步开发了一系列基于免费数据源和"互联网+地理"理念的开源软件,如 Josm,Potlatch 和 CloudMade,等等。这类副产品具有一定的经济效益,为商家开拓了新的商业市场。而 Twitter 和 Facebook 作为高普及度的社交网站,其有关共享地理信息的功能模块也在不断更新完善。照片共享平台 Flickr 也推出了地理信息附加功能,允许用户向网站上传带有地理位置信息的图片。

4.2 城市管理

在 Ganapati 的电子政务体系下,众包地理信息是智慧城市管理的四个主要专题之一,它作为一种新媒介有力促进了信息的交换,使得城市管理更加灵活化、透明化[37]。在其框架体系下,城市多方治理的参与者除了市民、政府、非政府组织以外,可能还会有信息技术企业等的参与。Google、Twitter 等企业可作为第三方平台支持政府实现特定的城市管理目的,而政府也需要相应地付出经济、人力资源对这些信息进行收集。

具体而言,志愿地理信息的理念将公众作为城市环境的传感器[11],能够表达市民观点,为政府提供丰富即时的数据源,从而实现对城市管理决策的有力支撑。新泽西州市民通过网络平台对当地小型水体生态系统空间位置的收集,对于当地政府的环境监管保护起到了重要支持作用[38]。对比了传统单向信息交换与志愿地理信息的双向交换模式,虽然志愿地理信息为公众与政府的沟通提供了有力的支撑作用,但由于开放数据政策的缺乏、市民反馈回应不及时等原因,这种双向的城市管理模式仍需要进一步的博弈与改进[39],从而真正实现透明公开、迅速有效的新型政府服务。

4.3 灾害管理

在社会应用方面,志愿地理信息能为灾难预警救援、疾病、战乱地区管理等提供有力的协助。传统的灾害信息传播模式主要为依托社会关系网络的一对一(one-to-one)模式以及由集权机构自上而下传播的一对多(one-to-many)模式。志愿地理信息推动了这种传统模式的分散化转变,用户间的积极交互形成了基于集成电子地图平台的多对多(many-to-many)的灾难信息传播模式[40]。

在应对灾难的不同环节,均需要有地理信息的支持。在灾难救援期间,Victorian Bushfires Map 作为 Google Map 开发的火灾数据库地图插件,能够依托 Google 的 API 应用向用户实时反映火灾的轨迹以及逃生路径、救生设施等信息。Scipionus Map 则推出了洪灾区的动态交互地图,支持用户上传自己的地理信息数据,协助其与家人朋友在灾后相互确认彼此位置,并描述洪灾发展实时情况。另一类灾难地图则是对灾后地区的地图进行补充更新,为灾后重建提供信息基础。2010 年海地地震后,当地交通、用地等城市环境遭受了巨大改变,然而灾后政府部门的瘫痪导致官方地图无法实现及时的更新,因而当地一些组织与民众依托 Open Street Map 进行了路网、建筑等信息的更新[41]。

5. VGI 理念在我国的研究与应用

5.1 相关研究

在我国已有的文献中,对于 Volunteered Geographic Information 志愿地理信息一词存在多种不同的翻译与解读,如自发地理信息[42]、自主式地理信息[43]等;crowdsourcing geographic data 一词则主要被译为众源地理数据[44]。目前我国对志愿地理信息的研究主要仍在于对西方国家已有研究的理论学习与经验借鉴的起步阶段。如尹健等对西方自发地理信息的研究从数据获取、数据处理及数据应用等不同阶段进行综述[45]。孙俊等对 *Crowdsourcing Geographic Knowledge:Volunteered Geographic Information（VGI）in Theory and Practice* 一书进行评介,指出众包地理知识在学术地理学方面、公民和社会的关联方面转变着地理学的学科形象[46]。也有部分学者进一步挖掘志愿地理信息的内涵,并基于 VGI 的无序性、非规范性特征研究其数据质量的控制与管理。

灾害管理领域是当前众包地理信息应用研究最主要的热点领域之一。史秀保等就如何实现灾害信息管理系统兼容众包传播模式与空间地理信息进行了研究[47]。马磊等基于众包地理信息设计了一套适用我国的地震灾情速报系统,从而提高灾害信息的采集效率与救援效果[48]。吴炳方等提出可利用众源地理数据对农情监测与灾害预警进行优化[49]。此外也有众多学者从技术层面出发,聚焦于如何将众包地理信息应用于空间信息采集优化领域。例如马京振等讨论了自发地理信息对空间信息传播特征及模式的革新[50]。周顺平等则利用自发地理信息对中文数字地名词典(CDG)进行优化,解决了其存储处理标准不统一、更新受限等问题[51]。

在城市地理学领域,也已有一批先锋学者采用众包地理信息理念进行研究。秦萧等依托大众点评网站的用户点评数据,对南京城区的餐饮空间格局以及商业业态进行分析[52]。王守成等以九寨沟为例,通过游客的 VGI 照片数据挖掘游客对旅游地的景观关注度[53]。基于微博签到数据,学界分别从城市人口、产业、公共服务等多个层面对其空间分布进行再研究。朱晨曦等对南京市各城区的人口分布进行初探[54];李方正等讨论了北京市中心城区公园绿地的使用空间分异[55];胡庆武等则对武汉市商圈的空间模式与分布特征进行了研究[56]。

5.2 实践应用

目前,我国基于志愿地理信息的实践应用虽然尚处于起步发展阶段,但也已涉及了灾难管理、日常生活服务及城市管理等多个方面。如2008年汶川地震后,有志愿者以谷歌地图与豆瓣网站为基础建立了包括被困者、救援物品、临时庇护所等救援位置信息的地图,基于媒体报道与现场信息收集进行实时更新[57]。这份电子地图是我国最早的志愿地理信息实践项目之一,在此之后,基于网上众包信息生成的地图有各矿业基地事故图、房价销售租赁比值图,这部分地图大多由个人发起,以谷歌地图作为技术框架进行开发使用。在城市管理方面,众包的城市信息管理利用实践包括"交警蜀黍请你来找茬"项目,凭借微博平台实现对城市现存交通问题的收集并针对性提出改善措施;"拜客广州"绿色出行项目,同样通过微博平台获取城市自行车出行障碍问题,辅助城市绿道等基础设施建设。总体而言,众包志愿地理信息正受到我国政府、企业、个人多方的密切关注,具有广大的应用前景与发展潜力。

6. 结语

尽管通信技术、交通工具等的发展使得全球的空间距离正不断缩小,但位置概念的重要性却在不断增加。鉴于信息技术的普及,一个全球范围的观察者网络开始形成。将志愿地理信息置于大数据的宏观框架下,是理解众包地理知识基础且关键性的一步。这种密集分布的智能网络为数字地球的构建开拓了全新的视野,给城市日常运作、城市管理应用带来了转变与革新。除此之外,众包地理知识对传统范式的挑战所产生的更深远的影响,在于它对地理知识传播模式和城市参与意识的转变[58]。在众包地理自下而上的广泛参与氛围中,公众可以直接表达观点,无需通过专家传达自身意见,使得城市决策参与更加扁平化、网络化。

鉴于这类信息的非结构化和非标准化特征,要将它转化为传统意义上的常规空间制图数据,仍面临着建立相应的数据管理运用框架、确保数据质量与可信度,以及激发公民的参与热情等关键性问题[59]。这需要我们更新传统地理价值观,对于新兴地理知识的经济技术特征进行再审视。

参 考 文 献

[1] Howe, J. 2008. *Crowdsourcing: How the power of the crowd is driving the future of business.* New York: Crown Business, Inc.

[2] Brabham, D. C. 2008. Crowdsourcing as a model for problem solving: An introduction and cases. *Convergence*, vol. 14, No. 1, pp. 75~90.

[3] Estellés-Arolas, E., González-Ladrón-De-Guevara, F. 2012. Towards an integrated crowdsourcing defi-

nition. *Journal of Information Science*, vol. 38, No. 2, pp. 189～200.

[4] 谭婷婷、蔡淑琴、胡慕海：“众包国外研究现状”，《武汉理工大学学报》（信息与管理工程版），2011年，第2期，第263～266页。

[5] Whitla, P. 2009. Crowdsourcing and its application in marketing activities. *Contemporary Management Research*, vol. 5, No. 1, pp. 15～28.

[6] Arney, C. 2008. Wikinomics: How mass collaboration changes everything. *Mathematics and Computer Education*, vol. 42, No. 1, pp. 60.

[7] Keen, A. 2011. *The Cult of the Amateur: How Blogs, MySpace, YouTube and the Rest of Today's User Generated Media are Killing Our Culture*. London: Nicholas Brealey Publishing.

[8] Mason, W., Suri, S. 2012. Conducting behavioral research on Amazon's Mechanical Turk. *Behavior Research Methods*, vol. 44, No, 1, pp. 1～23.

[9] 王家耀、陈毓芬：《理论地图学》，解放军出版社，2000年。

[10] Turner, A. 2006. *Introduction to Neogeography*. Sebastopol: O'Reilly Media, Inc.

[11] Goodchild, M. F. 2007. Citizens as sensors: the world of volunteered geography. *GeoJournal*, vol. 69, No. 4, pp. 211～221.

[12] Heipke, C. 2010. Crowdsourcing geospatial data. *ISPRS Journal of Photogrammetry and Remote Sensing*, vol. 65, No, 6, pp. 550～557.

[13] Feick, R., Roche, S. 2013. Understanding the value of VGI. *Crowdsourcing geographic knowledge*. Springer Netherlands, pp. 15～29.

[14] Harvey, F. 2013. To volunteer or to contribute locational information? Towards truth in labeling for crowdsourced geographic information. In: Sui, D. Elwood, S., Goodchild, M. *Crowdsourcing Geographic Knowledge*. Dordrecht: Springer, pp. 31～42.

[15] Poster, M. 1990. *The Mode of Information: Poststructuralism and Social Context*. Chicago: University of Chicago Press.

[16] Tim, O. 2005. What is web 2.0? design patterns and business models for the next generation of software. *MPRA Paper* 4578, University Library of Munich Germany.

[17] Leymann, F., Fritsch, D. 2009. Cloud computing: The next revolution in IT. Proceedings of the 52th Photogrammetric Week, pp. 3～12.

[18] Bruns, A. 2008. The future is user-led: The path towards widespread produsage. *Fibreculture journal*, No. 11.

[19] Gerlach, J. 2010. Vernacular mapping, and the ethics of what comes next. *Cartographica*, vol. 5, No. 3, pp. 165～168.

[20] Streilein, A., Kellenberger, T. 2010. Crowd Sourcing for Updating National Databases. Ponencia en Proceedings EuroSDR Workshop Berne.

[21] Tulloch, D. L. 2007. Many, many maps: Empowerment and online participatory mapping. *First Monday*, vol. 12, No. 2.

[22] Coleman, D. J, Georgiadou, Y., Labonte, J. 2009. Volunteered Geographic Information: The nature and motivation of producers. *International Journal of Spatial Data Infrastructures Research*, vol. 4, No. 1, pp. 421～422.

[23] Williamson, I., Rajabifard, A., Holland, P. 2017. Spatially enabled society. http://www.fig.net/pub/fig2010/papers/inv03%5Cinv03_williamson_rajabifard_et_al_4134.pdf.

[24] Swanson, B. 2007. The coming exaflood. *Wall Street Journal*, January 20.

[25] Manyika, J., Chui, M., Brown, B., et al. 2011. *Big data: The next frontier for innovation, competition, and productivity*. Report for Mckinsey Global Institute, May 1.

[26] Hudson-Smith A, Batty M, Crooks A. et al. 2009. Mapping for the masses accessing Web 2.0 through crowdsourcing. *Social Science Computer Review*, vol. 27, No. 4, pp. 524~538.

[27] Haklay, M, 2009. OpenStreetMap and Ordnance Survey Meridian 2-Progress maps. PoVeSham personal blog Nov-22-2009, povesham. wordpress. com.

[28] Goodchild, M. F., Glennon, J. A. 2010. Crowdsourcing geographic information for disaster response: a research frontier. *International Journal of Digital Earth*, vol. 3, No. 3, pp. 231~241.

[29] Goodchild, M. F., Li. L. 2012. Assuring the quality of volunteered geographic information. *Spatial Statistics*, vol. 1, pp. 110~120.

[30] Adler, B. T., De Alfaro, L. A. 2007. Content-driven reputation system for the Wikipedia. Proceedings of the 16th international conference on World Wide Web. ACM, pp. 261~270.

[31] Kreutz, C. 2009. Maptivism: Maps for Activism, Transparency and Engagement. Crisscrossed blog Sep-14-2009.

[32] Craglia, M., Nowak, J. 2006. Report of international workshop on spatial data infrastructures: Cost-benefit/return on investment: Assessing the impacts of spatial data infrastructures, European Commission, Directorate General Joint Research Centre. Ispra: Institute for Environment and Sustainability.

[33] Poster, M. 1998. Cyberdemocracy: The Internet and the public sphere. In: Holmes, D. *Virtual Politics: Identity and Community in Cyberspace*. London: Sage, pp. 212~218.

[34] Drezner, D, W. Weighing the scales: The Internet's effect on state-society relations. *The Brown Journal of World Affairs*, vol. 16, No. 2, pp. 31~44.

[35] Goodchild, M. F., Hill, L. L. 2008. Introduction to digital gazetteer research. *International Journal of Geographical Information Science*, vol. 22, No. 10, pp. 1039~1044.

[36] Ramm, F., Stark, H. 2008. Crowdsourcing geodata. *Geomatik Schweiz*, vol. 106, No. 6, pp. 315.

[37] Ganapati, S. 2010. Using geographic information systems to increase citizen engagement. IBM Center for the Business of Government. pp. 89~93.

[38] Tulloch, D. L. 2008. Is VGI participation? From vernal pools to video games. *GeoJournal*, vol. 72, No. 3-4, pp. 161~171.

[39] Johnson, P. A, Sieber, R. E. 2012. Motivations driving government adoption of the Geoweb. *GeoJournal*, pp. 1~14.

[40] Roche, S., Propeck-Zimmermann, E., Mericskay, B. 2013. GeoWeb and crisis management: Issues and perspectives of volunteered geographic information. *GeoJournal*, vol. 78, No. 1, pp. 21~40.

[41] Zook, M., Graham, M., Shelton, T, et al. 2010. Volunteered geographic information and crowdsourcing disaster relief: a case study of the Haitian earthquake. *World Medical & Health Policy*, vol. 2, No. 2, pp. 7~33.

[42] 郝志刚、俞乐、李仁杰："国外自发地理信息研究进展及对我国的启示",《地理信息世界》,2015年,第2期,第51~58页。

[43] 张雪英、朱少楠、徐希涛："基于Neogeography的中文地名词典维护和服务机制",《测绘通报》,2012年,第1期,第56~59页。

[44] 单杰、秦昆、黄长青等:"众源地理数据处理与分析方法探讨",《武汉大学学报》(信息科学版),2014年,第4期,第390~396页。

[45] 尹健、李光强、职露等:"自发地理信息研究综述",《计算机应用研究》,2016年,第5期,第1281~1284页。

[46] 孙俊、潘玉君:"《众包地理知识:自愿地理信息的理论与实践》评介",《地理学报》,2013年,第11期,第1590~1591页。

[47] 史秀保、马磊、李滨等:"兼容VGI与众包的灾害信息管理系统研究",《测绘科学》,2017年,第3期,第191~195页。

[48] 马磊、陈秀万、隋建波等:"基于VGI的地震灾情速报系统设计与实现",《测绘通报》,2015年,第4期,第97~100页。

[49] 吴炳方、张淼、曾红伟等:"大数据时代的农情监测与预警",《遥感学报》,2016年,第5期,第1027~1037页。

[50] 马京振、孙群、肖强等:"基于自发地理信息的空间信息传输研究",《地理空间信息》,2016年,第7期,第9~11页。

[51] 周顺平、沈露雯、杨林:"VGI集成于中文数字地名词典的研究",《计算机应用研究》,2013年,第11期,第3287~3291页。

[52] 秦萧、甄峰、朱寿佳等:"基于网络口碑度的南京城区餐饮业空间分布格局研究——以大众点评网为例",《地理科学》,2014年,第7期,第810~817页。

[53] 王守成、郭风华、傅学庆等:"基于自发地理信息的旅游地景观关注度研究——以九寨沟为例",《旅游学刊》,2014年,第2期,第84~92页。

[54] 朱晨曦、晏王波:"基于微博签到的地理空间信息研究",《地理空间信息》,2016年,第5期,第28~30页。

[55] 李方正、董莎莎、李雄等:"北京市中心城绿地使用空间分布研究——基于大数据的实证分析",《中国园林》,2016年,第9期,第122~128页。

[56] 胡庆武、王明、李清泉:"利用位置签到数据探索城市热点与商圈",《测绘学报》,2014年,第3期,第314~321页。

[57] Lin, W. 2013. When Web 2.0 meets public participation GIS (PPGIS): VGI and spaces of participatory mapping in China. In Sui, D., Elwood, S., Goodchild, M. *Crowdsouring Geographic Knowledge: Volunteered Geographic Information* (VGI) *in Theory and Practice*. London: Springer, pp. 83~103.

[58] McDougall, K. 2009. The potential of citizen volunteered spatial information for building SDI. *Proceedings of GSDI*, vol. 11, pp. 15~19.

[59] Genovese, E., Roche, S. 2010. Potential of VGI as a resource for SDIs in the North/South context. *Geomatica*, vol. 64, No. 4, pp. 439~450.

众包理念下的参与式新型城市治理

周素红　彭伊侬

（中山大学地理科学与规划学院）

在全球化视野下，随着城市政治、社会以及经济形态的持续发展，传统的城市管理已不能满足城市的需求。20世纪70年代末，西方国家的政府改革运动开始推动了城市管理向城市治理（governance）的转变[1]。自从进入21世纪以来，我国各地方城市也开始面临社会经济转型的问题。2014年，《国家新型城镇化规划》开始在全国范围内发布实施[2]；2016年，国务院进一步发布了《关于深入推进新型城镇化建设的若干意见》[3]。在我国"新型城镇化"政策下，绿色城市、智慧城市、人文城市等新型城市概念成为了当前我国许多城市的重点发展方向。传统管理理念下，地方政府部门通过下级职能部门对居民进行地域分割的网格式管理，均质化、行政化的特征仍较为突出。而这种自上而下的模式更强调空间划分，人本服务建设相对缺位，越来越难以满足居民的差异化需求。

随着城市化转型时代的到来，我国的城市治理虽然仍处于初步发展的阶段，但也开始受到我国各学者的密切关注，一系列新的城市治理理论应运而生。其中，众包地理知识理论阐述了在信息技术发展的大数据背景下，地理信息数据产生与积累方式的突破性转变及其对公民参与、社会构建的深远影响[4,5]。学界对VGI的概念达成了一个较为普遍的共识，即大量非专业个体通过互联网实现的地理空间数据的分享、收集以及再利用[6]。众包地理知识在城市治理领域应用范围十分广泛，涵盖了从政府部门至市民群体等多个主体。克拉利亚（Craglia）总结众包地理知识的社会经济影响包括了对公众而言的城市管理信息透明化，对政府的决策、服务及规划管理辅助作用，以及为企业提供了创新与知识获取的新机遇[7]。在智慧城市理念下，众包地理知识理论的指导意义尤为突出。海量城市数据是智慧城市的重要基石，而众包则是智慧城市数据获取的一个关键渠道[8]，因此众包地理知识理论作为基于海量数据的地理理论，是智慧城市治理与服务应用的重要基础。

1. 智慧城市下的城市治理转型

回顾我国的智慧城市发展历程，初期的城市信息化建设热潮掀起于20世纪80年代，此时各职能部门相继推出办公自动化系统等一系列信息化项目。在城市信息化阶段，虽然城市管理理念正逐步从城市管理向城市服务过渡,但其突出特征是各独立部门借助信息化手段提高政府业务的效率,信息化建设孤立割裂。至90年代中后期的数字城市阶段时,城市资源、环境、人口、社会等系统地实现了数字化与网络化[9]。在该阶段,服务链成为城市治理的关注焦点,部门间的业务开始实现关联与互动,从而辅助政府业务管理流程一体化。IBM 2009年提出的智慧城市理念是在数字城市的基础框架上,通过物联网将物理城市与数字城市进行有机融合,自动实时地感知现实世界中人和物的各种状态和变化[10]。此时政府政策制定过程与服务提供方式出现了深刻转变,公众通过网络获取与交换城市信息的现象开始普及化,城市治理进入参与式协调管理的阶段(图3-1)。

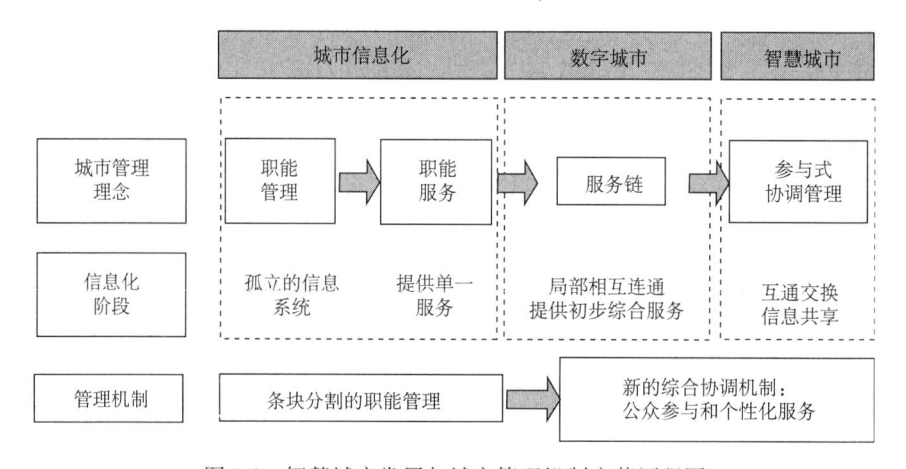

城市管理理念	城市信息化		数字城市	智慧城市
	职能管理	职能服务	服务链	参与式协调管理
信息化阶段	孤立的信息系统	提供单一服务	局部相互连通 提供初步综合服务	互通交换 信息共享
管理机制	条块分割的职能管理		新的综合协调机制: 公众参与和个性化服务	

图 3-1　智慧城市发展与城市管理机制变革历程图

伴随城市智能化的发展历程,城市管理机制从条块分割的职能管理向新型协调管理机制转变,公众参与和个性化服务成为智慧城市管理机制中的两部分核心内容。而在众包地理知识框架下,市民个体在不同时间扮演信息使用者和贡献者的不同角色,地理信息的使用者与生产者之间的界限开始模糊[11],由此产生的海量个体信息成为了实现智慧城市公众参与和个性化服务的重要基石。

公众参与作为城市规划管理中的一个长期传统,已被广泛纳入各层级规划管理中。但在传统公众参与模式下,展览宣传、批后公示等形式的市民参与被动性仍然较高,不能充分发挥公众参与的作用。信息技术的迅猛发展促使公众参与的深度和广度均不断拓展,既改变了公众的参与意识,也改变了政府、企业以及非政府组织的交互模式[12]。在众包理念下,参与式的城市治理流程为政府或企业部门通过手机、感应设备等多样化的感知终端获得个体信息,并进行信息的汇总和分析,进而实现有针对性、高效率的城市治理。

在公众服务领域,传统前政府部门的普遍做法仍然是对非结构化的公众服务需求进行标准化、结构化管理,并未能够真正满足市民群体的差异化需求。而通过将众包理念运用到服务供给实践中，政府部门能够根据公众不同阶段的差异化需求，主动推送相应的公共服务，从而实现信息化的电子政府的业务扩展，由标准型、信息型公众服务向行动导向型、协同型、实时型的众包公众服务转变[13]。

因此，在智慧城市管理中加入公众参与、信息化管理等新要素使传统城市治理制度在近年来受到了众多政府部门的关注。随着全国范围内一系列试点项目的组织开展，众包地理知识下的新型管理组织理念正在全国范围内逐步推广。下文将通过部分典型的城市案例，从公众参与及公众服务两个方面深入探讨众包理念下新型城市治理的现状及问题，进而对其未来的发展前景进行展望。

2. 众包理念下的公众参与式公共管理

2.1　四种公众参与众包模式

根据参与主体的不同，众包式公众参与的形式可分为政府内部众包、政府向公众众包、非政府组织参与众包以及企业参与众包四种模式。

(1) 政府内部众包模式

政府内部众包模式的应用范围较小，主要目的在于处理仅适合行政内部讨论，不适宜引入大面积公众参与的行政性、专业性的任务。目前这一类众包模式在西方国家发展较快，如纽约市政府于2011年建立的政府雇员众包创新平台"NYC Simplicity"，共有约250000名纽约行政人员参与到该行政项目之中。该项目秉承"创意市场"(Idea Market)的理念，政府内部雇员可以通过平台发布个人关于财政资金、管理优化等行政管理议题的想法，也能够通过平台对某议题进行评论与投票。该网页平台鼓励了行政内部多层级、各部门间的雇员积极的决策参与以及意见发表，从而广泛收集各政府部门的看法，形成更为科学的政府决策依据。在这一众包模式中，公众参与的项目主题专业性更强，对参与主体也提出了较多的限制。

(2) 政府向公众众包模式

政府向公众众包模式是一种政府部门与广大市民群体直接互动对话的一种模式。例如英国的政府部门通过构建一个路灯问题众包的项目平台"Fix My Street"，鼓励各地市民群体收集周边区域问题路灯的信息，在公共平台上发布邮编、街道或地区名字等位置共享数据①。政府通过平台收集大量需要改善的路灯信息，针对性地进行现场勘查与修复，有效节省了人力物力。该平台在过去一周内共收到了问题路灯报告3498个，上个月修复路灯7622个，累计项目开展至今处理的项目数高达1152251个。

---

① Fix My Street Platform，[2017-05-23]. https://www.fixmystreet.com/

这种模式在我国也有较多的成功实践案例。2013年7月,广州公安交警部门在微博平台推出了"交警蜀黍请你来找茬"这项相似的交通出行众包活动。该活动通过"广州交警"的微博账号主题性地推出一系列活动,发动广州市民参与发现身边的交通管理问题,如城市交通堵塞问题、校园周边交通问题等,交警部门汇集民众信息后再针对性地推出改善项目①。至今该项活动已经成功举办六季,接受意见超过3000条,互动人次达1000万人。该模式中,广州交警将收集交通问题的任务众包给广大民众,有效发动市民协助政府部门进行城市信息的收集工作,优化提升了交警部门的管理工作。但与此同时,活动中收集的大量非结构化信息也对相关部门的信息综合处理能力提出了较高的要求。

(3)非政府组织参与众包模式

随着政府部门重视程度的增强,非政府组织介入公众参与式的管理模式在近几年来也日趋活跃。非政府组织参与众包的模式更适用于处理海量的城市信息,并且已经取得较好的成效。例如"拜客广州"公益组织2011年在微博平台推出的随手拍自行车出行障碍活动,呼吁民众发掘乱停车、抢占车道等自行车出行存在障碍的路段。"拜客广州"公益组织将这类信息进行分类整理,再阶段性地向政府提交专题报告②。作为一个环保公益性组织,"拜客广州"致力于优化自行车出行环境,引领广州成为单车友好城市,因此,在项目中有较高的参与积极性。实质上,非政府组织参与的众包模式也是一种民众自愿参与城市管理的组织模式。与政府直接向公众众包的模式相比,以志愿组织为载体的市民群体偏向于专注某个兴趣领域,更为专业化,也更有组织性。但另一方面,该模式也不可避免会受到非政府组织团体规模、组织与活动影响力等因素的限制。

(4)企业参与众包模式

在VGI理念下,城市治理的众包主体既可以是政府主体,也可以以企业为主体。2014年深圳中南运输集团、东部公共交通有限公司等推出的私营定制公交运作服务正是企业参与众包的典型案例。定制公交服务主要面向通勤出行起讫点不便于搭乘传统公交的乘客,收集该部分群体的乘车时间、地点等需求,并通过计算提供出能满足大多数乘客出行需求的线路服务,同时通过乘客的反馈不断对路线进行优化。依托网页或APP服务平台,乘客可以对特定路线进行报名或提交新的公交路线,若该线路的乘客数目到达一定量则可能开通。当前,"深圳e巴士"APP注册用户已超过16万人,日均客流量超过3万人次③。此后,定制

---

① "广州交警"微博,@广州交警六周年大事记:微博找茬,提升管理,2017 [2017-05-23]. http://weibo.com/gzjj2011? refer_flag=1001030101_

② "拜客绿色出行"微博,随手拍自行车出行障碍,2011,[2017-05-23]. http://weibo.com/bikegz? refer_flag=1001030102_&is_hot=1

③ 深圳市东部公共交通有限公司官网,2013,[2017-05-23]. http://www.szebus.net/

公交模式在其他城市得到了政府部门的大力推广,广州交委推出的"如约巴士"服务平台一年内开通线路300条,上车人数超过38万人。这种定制服务模式解决了传统公交出行线路与个人出行线路不吻合的问题,并通过调控出行人数提高出行体验。它一方面有助于在城市中推广公交优先理念,另一方面协助城市公共服务部门解决了部分公交出行的需求。该模式成功实现政府、市场与民众三者之间的互动,政府通过规章制度的制定对方案的整体运作进行限定,企业负责具体的实施操作,辅助政府的公共管理。

2.2 众包式公众参与的关键问题

(1)民众参与积极性问题

与其他大数据相比,众包地理信息的一个突出特征是市民个体知道自己正在贡献信息,以及该信息未来的使用途径[14]。因此,在自下而上的众包式城市治理模式中,一个关键性的问题在于如何调动广大民众的积极性。根据已有案例,在这类城市治理实践中市民群体自身兴趣或利益的驱动力较足:一方面,众包模式的城市治理具有突出的共赢互利特征,公众通过活动参与能够实现部分自身利益,如优化自身周边生活环境、提高个人出行效率等等;另一方面,在马斯洛"需求层次理论"的金字塔模型中,居民个体的自我实现需求是最高层次的需求。通过协助政府部门进行基础的城市管理,有利于其个人的空间能力构建,而个体的理想价值也在一定程度上得以实现[15]。此外,政府也通过设立激励机制推动参与式城市治理的实现。如2015年深圳市交警局与绿色出行办公室曾通过鼓励公众自愿停驶以解决城市交通出行的问题①。其具体支撑机制为通过"绿色出行碳账户"对个人自愿减排行为进行检测、计量、管理、奖励和引导。车主可通过停驶行为获得相应的碳积分并兑换为经济奖励,从而形成"减排-奖励-再减排"的良性循环。相比单双日限号等其他交通拥堵治理措施,碳账户这种治理模式并非自上而下的强制性管理控制行为,更多是激励式的市民自下而上的主动参与。

(2)城市信息爆炸问题

众包地理知识的收集模式为自下而上的分散化模式,非专业市民对当地信息的反馈导致了海量数据的产生[16],如何应对这些非结构化信息爆炸成为新型城市治理下的另一个关键问题。若政府部门未能推行及时的处理反馈机制,可能导致市民基数过大带来的大量信息累积,进而引起超额的信息处理负担。随之而来的是新城市信息的产生与城市信息的持续积压。例如在城市路灯问题众包的案例中,如果政府部门未能及时处理市民所反馈的路灯问题,则可能造成市民的群体不信任,激发社会矛盾。一个行之有效的方法是充分利用公

---

① 深圳交警门户网站,"深圳交警启动'绿色出行碳账户'活动",2015,[2017-05-23]. http://www.stc.gov.cn/JGDT/201509/t20150921_49087.htm

益组织民间力量或是公司企业的市场力量,通过构建第三方的海量城市信息的采集、处理以及分析平台,从而协助政府与公众进行更有效率的互动。在"拜客广州"的案例中,该组织主要承担中介协调的角色,完成信息的汇集整理分析任务,将大量非结构化信息转变为政府的决策依据。由于非政府组织的亲民特征,它能够更好地实现与民众之间的沟通互动,承担政府部门与广大市民群体沟通媒介的责任,在整合社会资源方面优势突出,从而能有效解决城市管理的公众参与新途径与城市管理工作量增多之间的矛盾。

小结:对比众包式公众参与的四种模式,"政府-非政府组织-市民群体"以及"政府-企业-市民群体"模式下政府部门非结构化信息应对处理的压力相对有所减小,但对企业、非政府组织的运作需要进行持续跟进督促。但无论何种模式,众包地理知识的公众参与均以个体对自身信息的共享为其形成基础与运作核心。因此,为确保这种新型城市公众参与的顺利实现,必须能够保障民众参与积极性,同时合理应对城市信息爆炸问题。

3. 众包理念下的公众个性化公共服务

在公众服务供给方面,大部分政府网络化事务平台虽然设有就业信息、账单缴费等多分模块服务,但仍需要民众根据个人目的进行对应服务的搜索。而政府在提供日常生活服务时,更多也仍是通过现场调研、采集统计数据等传统方式发现市民需求,其决策分析与支持均受到政府人力、物力的限制。这种浮于表面的个性化服务难以应对民众的个性化需求,需要依托互联网技术与众包地理信息理念进行服务机制改进,构建一个集统一身份认证、个人信息集约管理、办事结构推送、重要信息公开的融合平台。如市民教育进程跟进系统,在市民办理了准生证之后,其个体服务终端可以在相应的时间点接收到入学报名提醒、疫苗注射提醒等覆盖生命周期各个阶段的跟踪性服务信息。

目前这种个性化服务已开始在政府、企业等领域形成初步的雏形,例如"唯品会"企业的网址后台设置的智能买家分类系统,实现了网站首页因人而异的差异化配置[①];广州行讯通软件则是依托手机终端实现了公交车到站提醒、个性化出行规划等日常生活出行的个性化服务。虽然智慧城市下的公共服务已形成雏形,但距离该模式形成一个完善的公共服务机制仍有较大的优化改进空间。要实现这个目标,城市管理部门需要提升自身的管理理念,实现技术手段、管理机制的创新。具体而言,其关键任务主要包括了部门间信息互通共享机制的建立,决策信息化技术支撑平台的建设,等等。

3.1 建设信息化技术支持平台

在决策的信息化支撑平台建设方面,百度地图平台是一个典型的成功实践案例。众多

---

① 唯品会门户网站,[2017-05-23]. http://www.vip.com/

商家可以在百度地图平台上共享商店的名称、具体位置等信息。公众作为分享者共享其位置信息,有助于该商店在百度地图上的精确搜索,从而实现企业的线上推广;而百度地图则通过大众精确的位置分享与更新行为有效进行地理位置纠偏,提高数据库的精确、详实程度,扩充数据库的数据内涵。此外,百度地图在地理位置共享服务的基础上,进一步推出了面向市民群体的数据分析开放平台"百度大数据+",提供POI检索、地理编码、矢量地图等信息数据,延伸出一系列如小程序开发、辅助决策等多种符合市民个体个性化需求的服务[1]。而百度基于海量的位置信息,也为各行各业的企业提供信息咨询服务,协助政企挖掘最新的行业动态、市场偏好等等。虽然目前百度的"大数据+"平台仍然处于尝试阶段,但提供根据不同需求定制个性化信息的终端平台的理念,在当下仍然是十分超前领先的。

参考百度地图平台的商业运作模式,政府部门也可运用众包服务理念,构建一个类似于百度地图的公共服务平台,通过感知技术将市民需求、城市设施等相关信息进行感知与互联,形成城市的泛在信息源,更针对性地为民众服务。依托政府公共服务平台,一方面广大市民群体能够定制自己所需的个性化服务;另一方面,政府部门可以利用其后台数据进行城市运营治理的决策辅助。构建一个多层级的众包服务体系,在初步实现简单的位置信息共享互动的基础上,进一步进行个性化的服务模块定制。

3.2 建立部门间信息互通共享机制

多系统、多部门主导的新型城市管理实践,虽然推动了城市众包式参与和新城市服务模式的繁荣,但由于每个市民个体在生命周期的不同阶段有不同的日常生活服务诉求,同时当前不同政府部门的理念、实施差异以及条块分割导致的沟通缺位,可能将导致一定程度的管理混乱。《2014年中国智慧城市发展现状报告》显示,截至2014年底,我国的智慧城市建设涉及了80个信息惠民试点,68个消费试点以及193个住建系统试点[17]。因此,推动各政府部门之间的信息共享与决策互动也是完善社会公共服务的一个重要内容。但由于政府各垂直管理部门与地方政府之间传统的条块架构早已固化,导致如今部门间的联动实施难度较高。

针对该问题,深圳市进行过一个创新性的实践,即"无忧避让"医警联动项目的实验性运营。该实践项目旨在解决救护车辆出行时对普通车辆的避让需求与普通车辆因避让行为而产生的交通违规两者间的矛盾。为此,深圳市交警局与急救中心进行了跨部门间的信息互动,依据救护车的行车记录,通过信息共享联动机制对车主因避让救护车而产生的违法记录进行筛除免罚,同时也对不避让救护车的私家车辆进行处罚。该项目在实施之后成效显著,在实施一周内,交警局所记录的主动避让车辆数高达2500多宗,救护车抵达目的医院的时

---

[1] 百度大数据+门户网站,2017,[2017-05-23]. http://bdp.baidu.com/

长平均减少 2 分钟①。这项创新性城市管理实践从私家车车主的利益出发,消除了市民对于避让救护车的顾虑,成为市民文明出行的重要制度保障。从新型城市管理的角度出发,深圳市交警局与急救中心实现了前期合作宣传联动、执行期信息联动以及后期培训联动等持续性多方位的部门合作。尽管该项目覆盖的行政部门较少,且仅是简单的信息互动与业务对接,但它转变了以往政府部门的职责行使仅限于本部门自身范围的传统理念,有效实现了交警局与急救中心直接的联动,打通了政府管理部门间的壁垒与障碍。救护车出行的无忧避让仅仅是政府部门互通互动制度的一个案例。迄今为止,城市内部仍有许多跨部门的市民需求以及必须通过部门联动解决的城市问题依旧被管理者忽略。随着信息化、智能化城市的不断更新,若要更深入推动众包理念在城市服务领域的应用,部门联动信息互动制度将是一个关键环节。因此,需要改变政府部门原有的条块分割管理体制,进行部门整合,实现资源共享运作。

小结:智慧城市发展的一个根本原则是以人的需求为出发点,在"以人为本"的城市发展理念下,智慧城市个性化、动态的特征十分突出。在众包地理知识所指导的主动化、个性化的城市公众服务能优化城市服务质量,满足更广泛的市民需求,提高居民生活水平,是当今城市深化改革、进一步转型的重要实现途径之一。而只有在完善信息网络技术与管理体制的一体化支撑平台的基础上,才能真正形成多主体的协作公共服务模式,使市民享受城市信息化智能化带来的生活便利。为此,政府部门需要通过建设信息化技术支持平台、建立部门间信息互通共享机制等方式来提升现有的城市公共服务水平。

4. 结语

纵观城市发展历程,全球范围内的城市聚落从形成、发展到扩张均离不开持续的内生驱动力,寻求和释放新的城市动力也成为了学界长期以来的热点话题。互联网技术革命创造了一个新的交互领域,它不仅引起了传统的集中式空间信息传播模式变革,更进而导致了传统城市治理理念的转变。从城市治理的角度出发,众包式城市治理模式实质是居民自我表达与反馈的动态循环过程,是空间知识不断生产、利用与再生产的过程。这种多主体协调的互动过程是对传统政府自上而下管理模式的重大突破(图 3-2)。

以往政府主导的管理模式下,政府将城市公共事务分派至下级职能部门和企事业单位,市民则接受服务和管理。而城市治理则更强调市场、社会等的多主体协调参与[18],基于众包地理知识理论的城市治理更是进一步以互联网为媒介,强调了市民群体在城市治理中的

---

① 深圳网上交警门户网站,"如何让'无忧避让'制度化法制化",2015,[2017-05-23]. http://www.stc.gov.cn/JGDT/201509/t20150916_48971.htm

重要作用。所有的市民以及代表特定市民群体的组织机构相互之间均可以无障碍地沟通交流，降低了地理空间、社会阶层等因素导致的城市事务参与门槛。政府部门既对多方组织进行协调管理，同时也基于互联网提供个性化服务；公众通过网络能够实现城市决策的积极参与，并享受针对性的管理服务。这种城市治理模式转变的一个重要基础在于城市信息获取方式的改变。在自上而下的城市管理模式下，城市信息的来源途径主要是政府部门通过经济普查等途径获取宏观数据，需主动进行城市信息的收集，而如今城市信息则是由市民自下而上通过互联网自愿共享。这种参与式的城市管理改变了以往的城市管理思路，激发了市民群体作为城市主人的身份意识，将进一步激活城市发展活力。在此基础上，更好地实现自上而下管理与自下而上参与两者间的对接及结合，成为实践新型城市治理的关键问题。

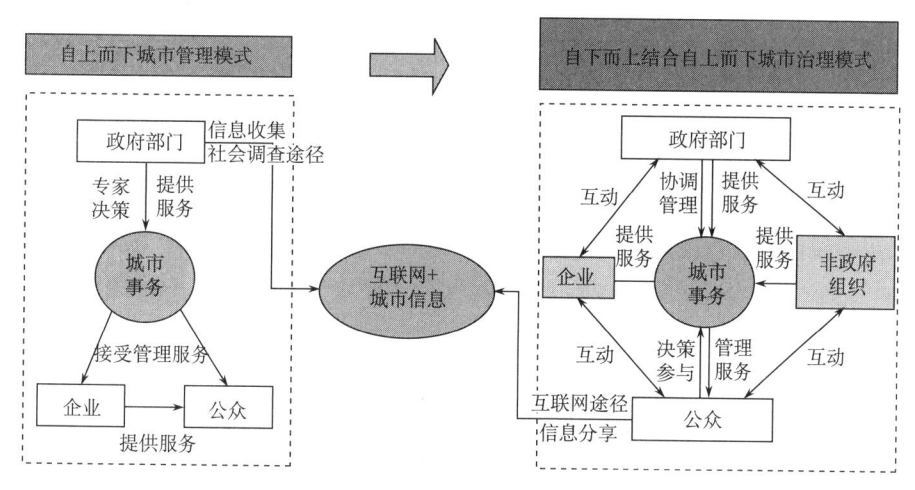

图 3-2　城市管理与城市治理模式对比图

目前基于众包地理知识的城市管理服务的创新案例数量虽然有限，但 VGI 理论已经在城市治理的若干领域展现出其显著作用。北京、上海、深圳以及广州等特大城市处于全国城市的发展前列，新兴城市管理、服务项目层出不穷，而其他中小型城市的新型城市管理实践仍处于起步初期阶段。整体而言，自愿地理信息理念指导的城市治理实践在我国存在较大的区域差异。因此，作为我国城市治理的新实践，它同时为城市带来了许多挑战与机遇。

总体而言，基于众包地理知识的新型城市治理实质上是结合了政府部门管理体制更新和全民参与技术实现的全新组织模式，它对政府部门的城市规划管理提出了诸多新要求。在技术层面，众包地理信息下的城市公共服务基于海量的公众诉求信息实现个性化服务，这种组织模式要求感知层面针对非专业知识的市民群体发展数据的收集、汇总技术，即应用更亲民、便捷的设施与民众进行沟通互动，强调技术设备的友好性与可及性。在管理体制方面，从理论层面城市管理理念的转变到实践领域新型城市治理的落实，主要通过相关部门管理机制的创新来实现。无论是公众参与还是公众服务,都需要更新相应的管理组织模式,打通部门之间的关系。只有将技术的持续更新与城市管理的内生发展相结合,才能真正实现城市治理的智能协同,让未来城市中的人类生活更加美好。

(备注:本文内容源于周素红、彭伊侬:"众包理念下的参与式新型城市治理",中国城市规划学会、东莞市人民政府:《持续发展 理性规划——2017中国城市规划年会论文集》,第11页。)

参 考 文 献

[1] 盛广耀:"城市治理研究评述",《城市问题》,2012年,第10期,第81~86页。

[2] 中华人民共和国中央人民政府:《国家新型城镇化规划(2014—2020)》,2014年。

[3] 中华人民共和国中央人民政府:《国务院关于深入推进新型城镇化建设的若干意见》,2016年。

[4] Goodchild, M. F. 2007. Citizens as sensors: The world of volunteered geography. *GeoJournal*, vol. 69, No. 4, pp. 211~221.

[5] Ball, M. 2012. How do crowdsourcing, the internet of things and big data converge on geospatial technology? http://www.vectorlmedia.com/spatialsustain/how-do-crowdsourcing-the-internetof-things-and-big-dat-converge-on-hggeospatial-yechnology.html.

[6] Sui, D., Elwood, S., Goodchild, M. 2013. *Crowdsourcing Geographic Knowledge*: Volunteered Geographic Information (VGI) in Theory and Practice. Dordrecht: Springer.

[7] Craglia, M., & Nowak, J. 2006. Report of international workshop on spatial data infrastructures: Cost-benefit/return on investment: Assessing the impacts of spatial data infrastructures, European Commission, Directorate General Joint Research Centre. Ispra: Institute for Environment and Sustainability.

[8] 迈克尔·巴蒂、赵怡婷、龙瀛:"未来的智慧城市",《国际城市规划》,2014年,第6期,第12~30页。

[9] 顾朝林、段学军、于涛方等:"论'数字城市'关键技术及其实现",《城市规划》,2002年,第16~20页。

[10] 李德仁、姚远、邵振峰:"智慧城市中的大数据",《武汉大学学报》(信息科学版),2014年,第6期,第631~640页。

[11] Coleman, D., Georgiadou, Y., Labonte, J. 2009. Volunteered geographic information: The nature and motivation of producers. *International Journal of Spatial Data Infrastructures Research*, vol. 4, No. 1, pp. 332~358.

[12] 陈虹、刘雨菡:"互联网+时代的城市空间影响及规划变革",《规划师》,2016年,第5~10页。

[13] Song, G., Cornford, T. 2006. Mobile government: Towards a service paradigm. Proceedings of the 2nd International Conference on e-Government, University of Pittsburgh, USA. pp. 208~218.

[14] Cloke, P., Johnsen, S., May, J. 2007. Ethical citizenship? Volunteers and the ethics of providing services for homeless people. *Geoforum*, vol. 38, No. 6, pp. 1089~1101.

[15] Rajabifard, A., Binns, A, Williamson, I. 2007. SDI Design to Facilitate Spatially Enabled Society. Proceedings of the Spatial Science Institute Biennial International Conference, Hobart, Tasmania, Australia, 14-18 May.

[16] Elwood, S. 2010. Geographic information science: emerging research on the societal implications of the geospatial web. *Progress in Human Geography*, vol. 34, No. 3, pp. 349~357.

[17] 仇保兴:《2014年中国智慧城市发展研究报告》,中国建材工业出版社,2014年。

[18] 郑国:"基于城市治理的中国城市战略规划解析与转型",《城市规划学刊》,2016年,第5期,第42~45页。

众包模式影响下的城市治理模式转型
——以优步专车为例

龚晓霞　陈斐豪　方驰遥　江　璇　周金苗　周素红

（中山大学地理科学与规划学院）

随着科技的发展、互联网的普及以及民众参与意识的增强，"众包"这一热词在业界受到广泛的关注，并开始深刻改变公民的生活。由于众包理念的快速蔓延，在城市管理领域，传统自上而下的管理模式也受到了不小的挑战。今天，政府与城市管理者与这股新的势力的冲突日渐显著，在矛盾与对抗背后，越来越多人看到了两者之间可能的结合点，以及它们之间获得共赢的可能性。

众包的概念在国内已经为大众所熟知。众包的概念最早见于2006年，2010年开始在国内流行，并迅速在各个领域投入应用。从苏格兰的档案众包开始，到风靡各国的专车服务，众包物流与快递……在短短五年的时间内，众包已经波及我国国民生活的各个领域，并使得许多领域产生了根本性的变革。众包无疑冲击了各个行业的根本模式，拓宽了管理的范畴，不可避免地给城市的管理者们带来了许多新的难题与挑战。对于众包的新模式，是"堵"还是"疏"，也成为管理者们所关注的新的焦点。

在另一个角度，我国传统的城市管理也面临着问题与新的挑战。旧的城市管理体制不仅令管理本身受到质疑，同时也越来越无法适应各行业中的新模式：一方面，传统的城市管理仍然是指令性的管理模式，自上而下的、从上级到下级的套路面临着许多的问题，如无法与民众意愿接轨、政府单方面孤立行动、无法发动民间力量获得有效咨询等。这使得这一套管理模式的运行出现各种问题，也受到了许多学者与民众的质疑；另一方面，城市不同领域的革新越来越多，在许多方面，由于政府人力物力有限，反馈不灵活，手续繁杂等原因，凭政府单方面的力量相对很难管控行业发展。

在这样的背景下，众包这一概念的引入，无疑给城市管理领域提出了一条崭新的思路。本文将探讨在新的潮流下，城市管理是否可以借助互联网的力量，吸纳众包的理念，转变传统的指令型、自上而下的管理模式，充分利用民间的力量，在不同的领域，形成一套自下而上的自我组织、自我管理的平台。目前，出租车领域的弊端已经逐渐显现，专车领域已经为城市管理者们提供了良好的范例，本文将会重点分析，这种合作模式在未来有没有推广到其他领域的可能。同时,我们也将探讨在新的模式下,政府应当扮演怎样的角色,应当如何转变自己的定位。

与此同时,优步专车这种领先的众包尝试,在国内外正进行得风生水起。优步公司自2014年初开始进军中国市场,截至2015年底,已经入驻21个城市。而紧随其后崛起的本土众包租车服务势头更加凶猛,如滴滴出行一年扩展200个城市、神州专车一年扩展66个城市。2016年,优步在中国的发展目标是扩展100个城市,并将所有300万人口以上的城市作为其发展的重点。优步模式已经成为城市生活的一种标签和不可取代的服务管理手段。

随着优步在全国业务的迅速扩张,越来越多的司机加入优步,同时,优步对司机进行越来越严苛的管束,使得这个以"Drive Your Car & Be Your Own Boss"为口号的互联网平台也受到了政府和企业双方的自我限制。2015年3月美国优步司机先后通过发起个人诉讼和集体诉讼的方式,要求优步严格按照美国雇佣法的规定提供必要的保险和福利。这标志着众包模式在现代城市管理中的运用,正经历着多元力量的矫正和改进。

国内外关于众包的研究非常多,但大多没有涉及城市管理的领域。少数涉及公共管理领域的文献主要研究众包本身的特征,而较少探讨众包与公共管理结合的可能。目前关于这一方面的研究暂时还局限于理论层面,结合实例的实践研究以及可行性分析相对比较少。

目前关于众包的文献对众包的模式本身有非常深入的研究。其中包括众包本身各方的动机(发包方、收包方等),以及它的优缺点。同时,文献对众包的实质有着很深刻的分析,如提出众包实际上即"公民网络参与重构公共决策议程的过程"以及"众包的应用,是利用互联网平台,结合开放、共享、共赢的思维,整合碎片化资源形成合力,跨界打造共赢生态圈"等[1]。

相关研究也对众包的基本流程进行了总结归纳,并分析了其兴起的动因。根据四川大学公共管理学院的王谦总结,众包的基本流程主要有"众包启动、智源信息库与业务发包库的构建、信息资源中心的构建、决策平台和治理平台的搭建"[2]。众包的兴起与公民民主权利意识的增强有密切联系,它促使公民在利他主义动机和社会责任感的驱使下,志愿参与到社会公共产品的生产和管理中来。从政府的角度而言,政府希望他们的措施能够最大程度上获得公民的认可和满意并实现政府与公众间信息资源的共建和共享,这既提高公共管理效率,又节省政府和社会组织的开支,通过公众举报还可以起到监督反腐的作用[3]。

还有一些文献总结了众包的几种类型,并且思考了众包在模式上可行的创新。在众包结构当中,城市治理的主体实际上在转移,行政生态环境与传统的治理模式已经截然不同。治理在强调"民主"与"参与"的同时,注重整合碎片化信息,并可以很好地结合大数据进行操作[1]。政府的治理能力在这个过程中也可以得到提升,治理的思维与模式也有可能在这一体制下更加灵活、与时俱进。

简单来讲,目前关于众包和城市管理的研究较少,且主要是理论性研究。实证研究相对比较空白,而且主要集中在参与行为、参与动机上的分析。下面,本文将从传统的出租车领域出发,分析传统出租车自上而下的管理模式,通过与众包影响下诞生的自下而上管理新模式进行对比,探讨新的自下而上的城市治理和监管模式。

1. 众包模式在出租车领域的应用

1.1 传统出租车领域内的管理模式

如上所述,出租车领域是传统城市治理模式的典型代表领域,表现为典型的自上而下的管理机制。而随着众包模式的产生对原有的城市管理模式促成了挑战与转型,而现如今讨论最多的是众包模式催生的专车对出租车行业的冲击。

在这一管理模式中,主体分别为政府、出租车公司、出租车司机和乘客。政府管理出租车公司,出租车公司管理司机,而最后是乘客监管司机,这是个较弱的自下而上监管。政府对出租车公司主要在以下三个方面的控制:数量控制、服务质量控制和价格(费率)控制。而出租车公司对出租车司机进行的监管,主要在于驾驶资格审核、出租车车辆安全检查、各类相关保险办理和管理服务。而乘客对出租车司机的监管在于服务质量控制,可向出租车公司或政府进行反馈。具体模式简化如图 3-3 所示:

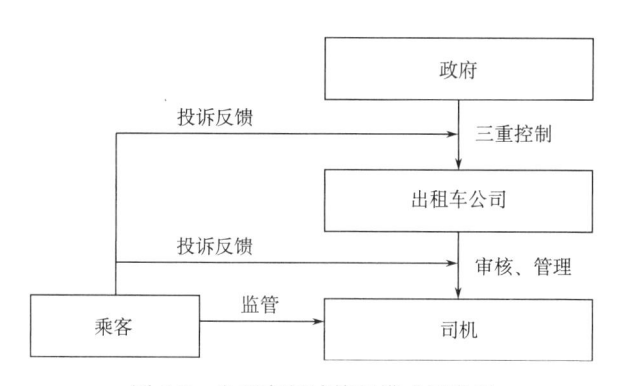

图 3-3 出租车领域管理模式示意图

这一管理模式特点是以自上而下为主、逐级递进,这在实现出租车的数量控制方面非常有效。通过数量控制,避免了出租车对城市公共道路资源的掠夺性利用的"公地悲剧"现象,保持供给接近社会福利水平最优的数量,基于"一人一车"的生产要素匹配方式控制,降低过度供给时司机入行被"套牢"的安全隐患。这一模式与传统的城市治理模式高度相似:政府通过不同行政级别的部门层层下达指令,自上而下地对管理对象实施监管,以较少的精英管理者管治庞大对象。

然而这一模式并非最优解,与传统城市治理模式存在着治理失灵一样,国内出租车也存在着显著的管理失灵现象。根据黄少卿等人归纳总结,管理失灵主要体现在以下几个方面:(1)对出租车数量控制过于僵化,缺乏对运力的动态调整机制;(2)为了降低监管成本,在出租车行业的经营模式上,各大城市出租车管理部门越来越倾向于鼓励公司化经营模式而排斥个体经营模式;(3)出租车经营权管理存在混乱现象;(4)缺乏动态价格调整机制;(5)由于同一个城市的出租车实行统一定价,由此带来了出租车运力在空间配置上的不合理问题[4]。

综上所述,出租车传统的监管模式以自上而下为主,是传统城市治理模式的典型。这种模式逐级递进,自下而上监管较弱,弊病较多,使得出租车行业难以适应当下供求缺口庞大的市民出行交通市场,以及市民对出行良好服务体验的要求。监管模式亟待优化和改善,尤其在专车的冲击下,变革刻不容缓。

1.2 新兴专车监管模式——以优步为例

异军突起的专车以互联网为平台,集聚城市已有的社会车辆资源来补充打车市场的供给空缺,基于移动互联网、GPS和大数据技术的运用,实现更灵活的、动态的、基于需求时空变化的定价机制,并借助这一机制实现运力动态调整。

在这新兴领域中,虽有上海等个别城市政府尝试介入监管,但就全国范围而言,政府整体上尚未正式介入其监管模式,所以其管理模式中主体主要是专车平台、租车公司、专车司机和乘客。与出租车管理模式不同的是,这一模式借用众包的力量实现良好的自下而上监管,其中更为强力的是乘客对专车司机的监管,成千上万的乘客对司机服务作出评分反馈,而平台以评分反馈对服务良好的司机进行累计奖励,或者禁止服务态度恶劣的、刷单等违规操作的司机接入平台。

(1)优步简介

优步是通过互联网平台为乘客和司机之间有效地建立约租关系的打车软件,借助共享经济的理念,优步将社会上闲置的汽车资源加以租赁使用,提高了利用效率。

以 UberX 等为代表的优步专车,通过优步平台对司机的准入筛选、租车公司对司机的行业管理、乘客对司机的评星监督等,建立了一套自下而上的管理体系,改变了传统以政府为主导的自上而下的监督机制。通过这种自组织监管机制,优步充分发挥了"大众监督"的优势,提高了约租车的服务质量,解决了监管难的问题。其中,优步平台是优步专车的运营媒介,它允许社会闲置的车辆与司机加入,能高效地为所有叫车的乘客分配距离最近的专车,并实时监控所有的行车路线。租车公司为优步提供合法的运营车辆,他们负责审查专车的保险、牌照、驾驶年限以及司机的驾照和驾龄等。专车司机在空闲时间里为乘客提供驾驶服务。而乘客则可以随时通过优步的客户端叫到专车,并通过评星机制实现对司机的监管。

(2) 优步运营管理模式

优步现行监管模式有三级监管,如下:

第一重监管——优步平台审核注册信息

优步平台管理着所有优步乘客、司机以及车辆的基本信息,以掌控所有优步司机与乘客的材料,保障乘车的基本安全。其中包括乘客的姓名、邮箱、手机电话,司机的驾驶证、身份证、照片、手机,车辆的车型、牌照、运营证等。如果出现任何纠纷,优步有能力出面进行调解。

第二重监管——租车公司保障运营安全

对于所有参与优步运营的车辆,租车公司会对其保险、驾驶年限等信息进行严格的审查,并现场对专车进行检查。同时租车公司会为其办理营运手续,保证其正规营运,并为乘客提供正式发票。

第三重监督——大众依靠信誉系统监督

优步为乘客与司机间设立信誉系统,允许乘客对司机的服务进行评价,评分的高低直接影响到司机的信誉,进而影响到司机收入。

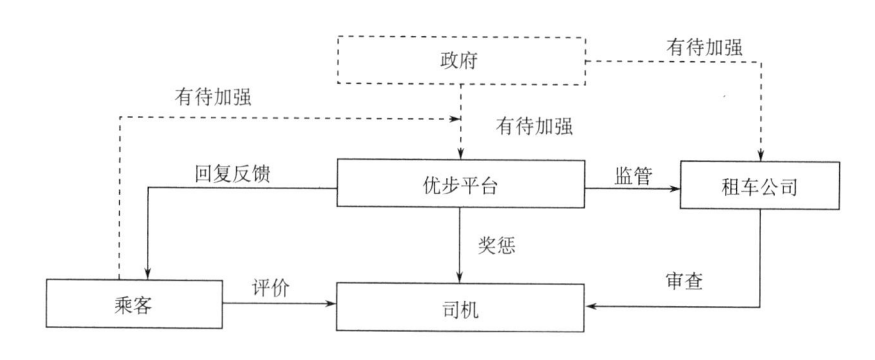

图 3-4　优步专车监管模式示意图

优步专车监管模式如图 3-4 所示,归纳总结可知,优步以其特殊的信誉评分系统,通过租车公司、乘客、优步平台对司机的多方监管,突破了传统的出租车管理模式,以自下而上的监管体系取代了原有的政府主导的监管方式。它充分发挥了"大众监督"的优势,保证了约租车的服务质量,也为城市管理提供了一种新范式。

但我们也不难看出,在这多重监管中,由于私家车的介入,依然存在合法化的问题,而多数政府选择持续打压专车,不予认可,导致在监管中相对缺席,这并不利于政府对私家车接入专车问题的监管治理。

1.3 优步、出租车及黑车运营监管模式对比分析

对优步、出租车以及黑车进行对比分析,能够更好地理解新兴专车监管模式的优势所在,归纳分析可得,优步专车监管模式相对完善,从主体上,建立了乘客、司机、公司和政府各方无障碍沟通平台;从效用上,实现了涉及打车、出车和管理每一步的深度监管;从时效性上,互联网实时接收和呈现监管反馈结果(表3-1)。

表3-1 三种方式的运营管理对比分析

	优步	出租车	黑车
核心理念	共享经济和自主监管	巡游式即时出租	无
运营主体	私企——市民 私企——租车公司	政府——出租车公司	私人——市民
运行媒介	手机APP平台	缺少第三方交互平台	无第三方交互平台
管理模式(公司端)	互联网和GPS实时监控,及时处理违规现象	缺少信息化监控措施,不能及时处理	无公司管理
工作机制(司机端)	网络申请、租车公司审核,便捷低廉;工作强度自行控制;登录APP后接受多方监管	申请审核流程复杂,成本高;工作时间固定;不受实时监控	无需申请,非法运营;逃避监管
用户体验(乘客端)	个性化车型;随叫随到,不拒载;附加服务多;收费标准公开;双方信息透明,即时评价	无选择,车辆质量随机;有拒载、乱收费现象;无附加服务;信息不透明,不能及时评价	无选择;服务较差;安全性差,乱收费;不能评价反馈
综合评价	"共享"交通资源,有效自主"监管"	资源利用率不高,监管模式单一	非法运营,亟需监管

2. 众包在其他领域的运用

大量的案例表明,跨专业的参与和创新往往蕴含着巨大的潜力,上述以优步公司为例的专车市场的发展壮大就是最好的成功例子。

众包是个伴随互联网而流行的词汇,近年来兴起的众包运动不仅带来了新的商业模式,更对政府治理和多个社会领域带来了一系列影响。

2.1 众包模式在政府治理中的运用

近年来,公民积极参与社会治理的热情也在不断加大,同时,转型中国要求转变传统的政府治理模式,推进国家治理体系和治理能力的现代化。十八届三中全会再次强调了"畅通公民有序政治参与的机制",凸显了党中央对政治民主的高度重视。然而,与公民高涨的热情相形见绌的是公民参与渠道的不足,制度内公民参与形式较为固化且部分地具有"排他性",如传统听证会对中下层知识水平的听众"拒之门外"。随着公民现代意识的成熟和社会自治力量的成长,政府在逐步转变其治理模式,众包这种新的公民参与和民主决策模式也开

始孕育。

一个比较经典的案例是我国《物权法》(草案)的修订。《物权法》草案的修改意见中超过2/3均出自中国人大网站的普通网民。全国人大委员会法工委为广泛征集公众的意见,设计了相应的操作系统,并将"征求《物权法》修订意见"的发包需求公布在网络平台上,邀请对修订《物权法》(草案)有兴趣的网民加入到已搭建完备的网络平台中提出自己的意见。在此之前,系统已经核实了有意愿参与的网民的真实身份,通过身份准入的网民成为实质上的草案修订意见征集的接包者。

2.2 众包模式在城市规划领域的运用

众包模式对城市规划行业的影响不可谓不大。一方面,规划师可以通过发包平台从市民公众中得到微观尺度的大数据,改变了传统由政府部门提供的宏观、中观数据"见物不见人"的现象,使得城市空间的布局更加人性化,规划设计更加以人为本。另一方面,从《马丘比丘宪章》到《新都市主义宪章》,一直在提倡城市的规划设计要强调公众参与,反对少量建筑和规划精英把城市当做自己的炫技舞台。可以说,规划行业的众包模式使得公众参与不再是一句口号,真正的落到了实处。

王鹏等人在北京钟鼓楼片儿区改造项目中,专门开发了"北京钟鼓楼改造项目社区规划参与讨论网站"LBSN平台。该平台以谷歌地图平台为基础进行二次开发,叠加了搬迁范围、拆迁范围、院落边界、现状房屋、已拆毁房屋以及一些典型年份的卫星影像图对比,用户登录系统后,可以查看地图和数据,针对某个地点或院落上传照片和发表评论。上线之后,团队成员和网友提供的图文资料,已经覆盖拆迁涉及的所有院落。这样,在钟鼓楼现场的游客、关注者和居民就可以以最简便的方式随时参与到社区规划的开放讨论之中,城市规划人员也可以以众包的方式高效收集来自各个渠道的空间信息,支持空间规划决策。[5]

"信息即权力"。众包时代的到来,打破了过去许多领域自上而下的一元治理模式,公民个体既是信息的享用者,也是信息的贡献者、决策的参与者。因此,传统的一元治理模式正在逐步向多元参与的方向转变。

随着信息化的不断深入与发展,城市政府的治理理念也在不断转化。从最开始的职能管理,到职能服务,再到综合服务,最终实现个性化服务与自我实现。理念变化的背后反映了管理机制从条块分割到综合协调的转型。从上述两个众包应用实例可以看出,众包模式具有网格化、多元化、差异性的普遍特点,而这些特点恰恰是政府新型治理模式所需要的。网格化意味着由单中心到多中心,多元化即是广泛的公众参与,差异性则强调了公民的个性化与自我实现。因此,众包模式在城市治理模式的转型中大有可为。

不得不承认的是,众包模式目前还难言成熟。在与行政管理服务的结合过程中,众包模式还存在平台运营成本较高、法律风险等问题。不过瑕不掩瑜,在笔者看来,只要这一基于移动互联网的众包模式能够给城市治理以及市民生活带来显而易见的好处,那么就有尝试和运用的价值。

3. 治理模式的转型

随着信息革命的推进,信息传播速度呈指数增长,人们对城市公共问题的信息获取更为便捷,群众自主管理的民主意识不断增强,对城市管治的要求达到新的层次,要求更快、更好的城市管理和社会公共服务,要求更高水平的公众参与,这一转型的社会背景促使政府不断增强服务意识,转换自身角色,从单一管制转变到多元管治,结合技术条件的转变,不断更新管理平台和依据,调整工作任务的流程和期限。

3.1 政府角色转变

涂子沛在《数据之巅:大数据革命,历史、现实与未来》一书中指出,"政府曾经是全社会唯一的治理中心,无数的公民是长尾,他们对社会的影响力曾经很小,但在智慧城市时代,这些无数的长尾就可能成为城市的'微治理'中心,协同政府共同处理公共生活中的问题,全社会的需要将更快、更好地得到满足"[6]。众包时代,政府在城市治理中的角色正是顺应着公众角色地位上升而变化的。由自上而下的监管者,转变为自下而上的协管者和被监管对象。

3.1.1 转变的社会背景

(1)大众民主意识的成长

促进城市治理众包化的一大因素就是公众自主意识的加强。随着社会开放程度的提高、人本观念的普及,人们的自我意识和实现价值的需求越来越强烈。再加上互联网技术的飞速发展,帮助平民百姓表达夙愿和参与决策的媒体平台越来越广阔。一方面,政府逐步开放公众管理的尝试刺激着公民进一步加入众包治理的行列中来;另一方面,高度联通的社交网络催化了公民群体之间的相互影响,形成了全社会积极参与城市众包治理的风气和势头。

(2)政府服务意识的增强

在信息时代,政府的开放透明度不断提升,为了提升自身的社会公信力,政府需要增强对公众意愿的收集、处理和实施。这些做法将推动公众从被治理者向治理者转变。目前,国内各级政府不断探索创新,政府树立平等合作的治理思维,通过新媒体搭建利益表达和沟通机制,给予公众更多的话语权和评价权,充分调动和尊重公民个体的积极性和创造性,让国家权力更多地向社会回归,充分发挥社会本身的力量进行合作善治。

3.1.2 转变的技术条件

(1)管理平台——由公文到互联网

城市治理以政府内部由上至下传达政策的文件和人事为介质,这种原始朴素的介质虽一脉相承、明确简单,但具有脱离群众,缺少效益反馈机制的缺点。众包管理中的运行介质则是日益扩张的互联网平台。在这个具有双向性的平台上,既可以保留政府由上至下的监管,又可以收集来自民众自愿提供的信息,还可以容纳专业的社会组织和企业,来协助处理大量的信息资源、整合双方需求,提供建议辅助决策。

(2) 管理依据——由定性分析到大数据

目前,政府部门越来越注重运用技术手段对数据资源进行深度的价值挖掘,以满足日益增长的精细化、科学化管理需要。这一举动将打破政府各部门、政府与民众之间的"信息孤岛"现象,实现数据共享。在今后几年时间内,城市管理将以大数据应用为基础、以智慧城市建设为中心,打造出多元化创新发展格局。大数据将首先成为宏观调控、国家治理、社会管理的重要信息基础,越来越多的政府部门将采用数据"仪表盘"辅助决策,如深圳警力数据辅助治安管理等。

3.2 政府任务的转变

3.2.1 工作流程——由单一决策到多重治理

政府单方决策的显著缺陷是工作量大而效率低。众包治理则用"政府发包—公民接包—处理决策"的三重机制,大大降低了政府部门的工作量,并且推进了公共决策的民主化(图3-5)。

• 政府发包——政府将一部分待解决的非线性的公共事务打包,并通过特定的网络平台公开发布的过程。

• 群众接包——民主参与意识的成长、公民角色的重新定位和获得契约性的物质回报或非盈利性满足等等原因促使公民通过网络接包,完成任务或反馈信息。

• 处理决策——发包者政府汇聚海量的信息源、听取来自多元主体的不同声音,借助外部组织机构的梳理和评估,整合出最佳的决策方案。

• 实施反馈——城市治理方案实施后,接包者的角色转变为审核人员,群众可以继续使用网络对实施效果进行反馈,自觉将接包过程延长,将城市治理由短期"治标"任务转化为长期跟踪式任务。

3.2.2 工作期限——由短期质变到长期量变

以前的城市管理倾向于政府单方面在短期内对城市问题作出解答,或对城市建设进行规划,企图达到一个文件就能成质变的效果。但由于城市问题层出不穷、城市发展瞬息万变,短期内作出的决策有时难以发挥最大效用。而众包模式则开创了"微创新"的新模式,核心为以长期的量变引发持续不断的量变,以应对城市治理中的不断出现的问题。

所谓"微创新"就是基于原有管理体制、技术水平的持续细微创新改善。信息化时代,移动终端不断普及、信息获取成本不断降低、社会民主程度不断提高,公众就成为最广大且合适的"微创新"源头。多元化、个性化的公共需求引发了积极主动的"微创新",而碎片化、海

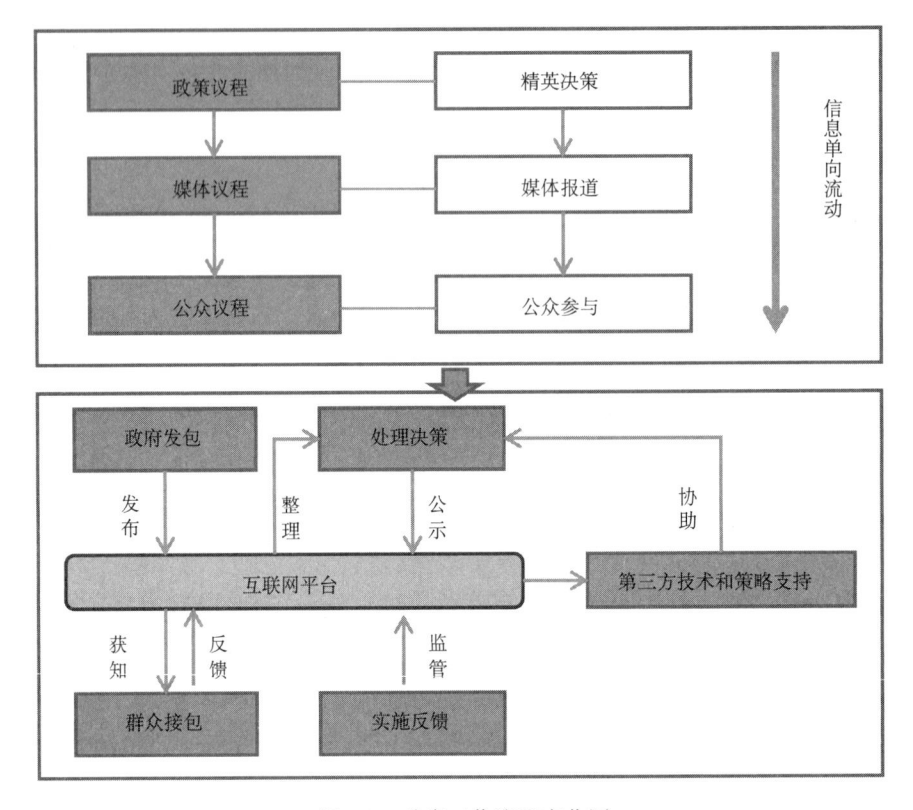

图 3-5　政府工作流程变化图

量化的"微创新"则要求政府把互联网的一些做法运用到公共管理领域,例如,大数据、O2O模式等。"微创新"是互联网思维中创新思维与迭代思维的有效结合,众多的"微创新"可以引起质变,形成城市治理上的变革。

4. 总结

纵观前文论述的众包模式的生成、在其他领域的运用,以及如今城市治理在众包模式影响下的治理转型,可见众包已经逐渐渗透到了城市管理和人民生活的各个方面,并且已经具有强劲的生命力。众包模式的运用逐渐弥补了那套单一的自上而下的城市监管模式的不足,形成了自下而上与自上而下的有机结合,为城市治理提供了新思路,也为政府与民众的互动、民众参与城市治理提供了更好的机会。

众包模式凭借的是"互联网+"时代的背景和"公众"大群体的这两大臂膀,使得城市的向心力逐渐增强,自组织的理念逐渐显现其巨大的能量,不断推动国家治理体系的转型与完善。

在未来，众包将在更多的领域改变人们根深蒂固的生活方式与习惯。借助技术与群众的力量，众包已经在更多的领域改善市民生活，并为城市管理提供更多的可能。不仅仅是在专车领域，众包的概念也反映并应用在了公共领域以及企业工作上，如政府数据采集、问卷调研、交通要素分类提取，企业的数据抓取、多媒体信息处理与分类、O2O门店数据清洗等，以应对更加广泛的大数据概念，以及更加广阔的公众互联网平台。

众包为城市治理提供了无限的可能，但也意味着城市管理模式转型需要变得更灵活、更多样。另一方面，众包管理将不可避免地与企业产生联系，城市管理者也将不可避免地要面对与更多企业的合作与摩擦。这中间势必会出现企业的赢利目的与政府的管理要求之间的巨大矛盾。从初期的合作尝试，到不断完善制度，再到立法规范，众包的应用将在制度、市场、利润等方方面面考验政府的能力与灵活度，在更多的数据与统计下考验政府的公开与透明。这也将会成为"众包"模式下城市治理模式最大的难点所在。

参 考 文 献

[1] 孟韬、杨薇：" 互联网环境下公民众包的兴起与公共管理创新"，《华东经济管理》，2015 年，第 7 期，第 29～35 页。
[2] 王谦、代佳欣：" 政府治理中网络众包模式的生成、构建及效用"，《公共管理学报》，2014 年，第 4 期，第 61～72 页。
[3] 刘叶婷：" 互联网思维语境下的政府治理创新"，《领导科学》，2014 年，第 24 期，第 8～11 页。
[4] 黄少卿：" 专车兴起背景下出租车监管改革的思路与建议"，《东方早报》，2015 年 6 月 23 日，第四版。
[5] 王鹏：" 大数据支持的城市规划方法初探"，载中国城市规划学会编著：《城乡治理与规划改革——2014 中国城市规划年会论文集（04 城市规划新技术应用）》，2014 年。
[6] 涂子沛：《数据之巅：大数据革命，历史、现实与未来》，中信出版社，2014 年。

众包理念下的公众参与技术与方法：
广州市番禺区城市扩张模拟为例

周淑丽　陶海燕　文　萍　周素红

（中山大学地理科学与规划学院）

　　公众作为城市发展的直接参与者、利益相关者，是城市规划中不可忽视的重要群体。公众，尤其是作为规划当地的群众，可以为规划决策带来关于当地历史背景、社会文化、地理环境等方面的重要信息，而这些宝贵信息往往是参与规划的专家无法完全具备的。同时，让更多的市民参与规划自己的生活环境可以有效地增强公民的归属感，提高市民的满意度。公众参与城市规划不仅可使政府吸纳各方意见、协调不同利益群体、有效发挥公众的集体智慧与监督作用、提高城市规划的科学性、体现城市规划的公共政策性，而且可以帮助政府履职各项管理和服务职能，减少城市规划中的漏洞和失误，化解城市规划单靠政府主管部门封闭决策的风险，实现政务公开、阳光规划，增强城市规划的合理性；公众参与也可以缓解快速城市化背景下由城市建设导致的社会矛盾和压力，是建设和构建和谐社会的重要基础，是实现社会主义法制建设的重要举措。综上所述，公众参与已成为城市规划发展的潮流之趋，势不可当。

　　然而，在我国，公众参与城市规划的理念引入较晚，主要研究集中在公众参与的意义、公众参与的形式、渠道、途径、方法、公众参与的程度、公众参与的框架设计等，更多是偏重理论上的探讨；还有一些研究从法律制度层面，指出公众参与存在的不足，并提出相关理论性的解决途径与方法。这些研究多是从理论或制度层面进行定性讨论，较少能够利用技术手段或算法进行定量化研究，并提出切实可行的技术方法。本文基于众包理念，将公众意见和众多居民的个体决策纳入到规划方案的形成过程，提出一个公众参与群决策概念模型，将公众"自下而上的参与"与政府部门"自上而下的管理"相结合，使普通公众的规划参与权与政府规划主管部门的规划权得以协商平衡，将城市规划的公众参与由理念向实操深入推进。在概念模型的实施层面，由于大规模的市民参与需要复杂的流程设计和长期的沟通协调，本研究暂且以多智能体模型替代"自下而上"的众包市民决策，以基于强化学习的多目标决策系统模拟"自上而下"的政府多部门监管，借助Netlogo平台，对广州市番禺区的用地扩张方案形成过程进行模拟实现。结果表明，引入公众参与后的用地方案与实际的土地利用变化情况拟合效果较好,说明众包理念下的公众参与由于在规划方案形成阶段就纳入了公众意见,规划的合理性和可实施性更高。

1. 公众参与的理念与实践差距

公众参与于20世纪八九十年代被引入我国规划界[1,2],早期学者和规划师们主要致力于介绍发达国家公众参与的经验与理念[3-9],反思国内城市规划公众参与的状况与问题、并提出开展公众参与的意见[10-16]。随着城市发展阶段和城市问题的转变,以及公众参与意识的加强和参与能力的提高,公众参与逐渐由象征性参与转变为实质性参与、由事后参与转变为事前和全周期参与、由被动参与转变为主动参与,公众参与涉及的领域不断拓展,使用的技术手段和方法越来越成熟和多样化,规划师的角色逐渐由技术权威转变为不同意见的协调者和沟通者,一些非专业的社会团体和组织开始参与和发挥作用。美国学者阿恩斯坦(Arnstein)于1969年提出了公共决策中的市民参与阶梯理论[17],当时正是美国社会公众参与浪潮非常尖锐化和情绪化的时期[3,10],阿恩斯坦的市民参与阶梯为公众要求参与决策的权利提供了思想武器。阶梯理论被引入中国后,很多学者以此为参照来判断国内城市规划公众参与所处的发展阶段,在"三个层级、八级阶梯"中,国内公众参与总体上处于中间层级"象征性参与"中偏低的"提供信息"和"征询意见"两个梯级,以规划方案和规划许可的公示和规划编制前后象征性的公众意见征询为主[18]。

随着公众参与理念在城市规划和城市管理领域的广泛传播,以及普通市民对生活环境和城市发展越来越热心的关注,将公众参与纳入到城市规划实践过程的尝试越来越多[19-22]。相比较而言,在涉及空间和关注问题都较为宏观的城市整体层面的规划中,公众参与程度相对较低,以象征性的公示和意见征询为主;而在与市民日常生活密切相关的微观社区层面的规划和设计当中,公众参与的意愿和程度较高[23-25]。除了政府和规划部门主动公开规划方案和向公众收集意见[26-29],大众传媒,尤其是网络媒体在传播关键信息、诱发和引导公众讨论中发挥了巨大作用[30,31],在与切身利益紧密相关的情况下,市民也越来越直接地参与到规划方案制定中[32,33],或主动干预规划方案的形成与结果[34]。

总体上看,在城市规划中融入公众参与已经达成广泛共识,但在实践中,公众参与往往仅作为一些附加环节,插入到原来相对封闭的规划制定和实施流程中,如规划编制前的信息收集、不同阶段成果的公示和意见征询等。这些环节对原来流程中的既有环节本身没有实质性的重大影响,收集的公众意见是否和能在多大程度上被吸收到规划方案中也并不确定,实际上主要发挥着对公众进行宣传教育的功能,并未真正让公众参与到决策过程中来。此外,由于城市规划本身的专业性和技术性,一些一线的规划从业人员也希望将公众参与控制在有限的范围内,以免各执己见的公众参与影响规划编制工作效率、增加规划管理成本[35,36]。

2. 众包理念下的公众参与群决策概念模型

"众包"(crowdsourcing)理念的兴起为公众参与的实施拓宽了思路。众包由发起者将任务外包给公众，在城市规划公众参与中，可由政府或规划部门将规划编制任务外包给公众，公众成为规划编制主体之一，政府规划部门则扮演组织发包方、成果评价和整合者等角色。大数据、新媒体、GIS等技术方法的发展为"众包"公众参与的实现提供了技术支撑[37-39]。公众参与地理信息系统(public participation geographic information systems, PPGIS)自1996年正式提出以来，在世界范围内被广泛应用于各类规划研究实践中[40,41]。PPGIS可以用来收集公众关于特定空间的评价或感知，以及发生的活动等信息，从而为规划提供不同于一般物质性地理信息的空间信息[42-46]。尽管这些通过PPGIS手段收集而来的志愿地理信息能够在一定程度上体现公众的主观意愿和偏好，但从公众参与角度而言，这仍然只是向公众收集基础数据的一种手段，并没有将公众直接纳入到规划决策过程当中。

基于此，本研究将公众参与由面向公众的信息收集和展示，拓展到由公众直接参与到规划编制和决策过程当中，直接将规划编制任务"众包"给公众。但是，公众个体由于信息的缺乏以及受到自身知识、阅历等的限制，通常只能对一定范围内的部分空间环境进行有效地观察，形成一定的感知，这些感知具有一定的随机性与不确定性。基于这些随机因素所做的决策，将形成各种可能的规划方案，且不能保证提供最优的土地利用形式。而处于宏观决策层次的政府和规划部门，可以引导公众朝其中一个可能的方向前进，最终达到最优的土地利用形式。因此，"众包"并非只是简单的让公众来制定规划方案，而是将公众、政府和政府的不同部门共同组织起来，既尊重城市发展中起决定作用的自下而上的公众偏好，也充分考虑整体利益下政府部门自上而下的宏观制约，依据公众个人偏好并与政府充分沟通协商后，达成较为理想并符合实际需求的规划方案。

本研究提出的公众参与城市规划群决策概念模型如图3-6所示。首先政府针对未来的城市规划方案发布相关背景知识，公众依据自身所掌握的知识及个人喜好发表相关看法，政府获取公众意见，对公众意见进行归类，随后发布相对统一的评判准则，公众对准则进行评判，并依据达成一致的准则形成个人意愿下的规划方案。如果公众的群决策方案意见相对比较一致，那么公众群决策方案为最优方案；否则，公众意愿所形成的规划方案被代表不同利益的政府部门评估，并与之协商、交流、博弈，直到公众意愿与政府利益相一致，达到双方满意，形成最优规划方案。

让公众以"众包"的方式参与城市规划编制过程，可以充分考虑公众意愿，体现城市规划的公共政策属性，有助于政府履职各项管理和服务职能，减少城市规划中的漏洞和失误，化

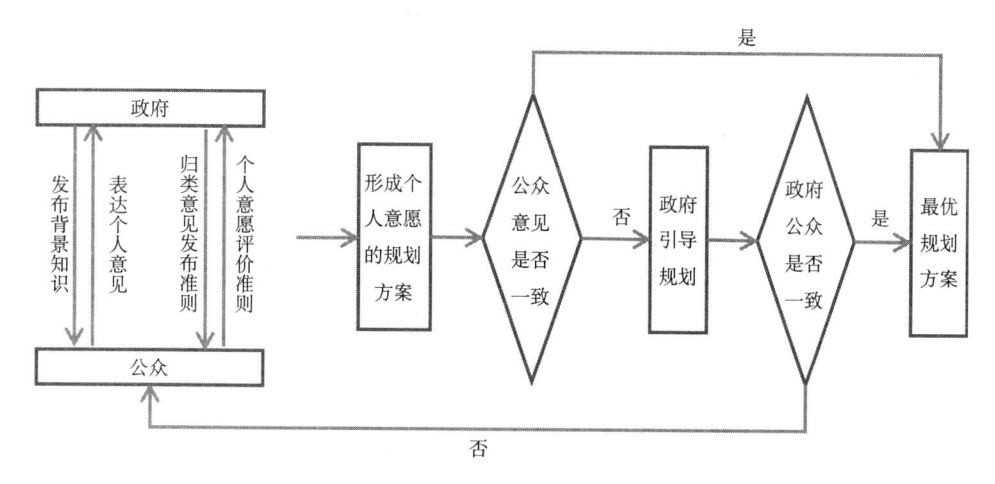

图 3-6 公众参与城市规划群决策概念模型流程图

解城市规划单靠政府主管部门封闭决策的风险;同时,政府从宏观上引导和把关,可以有效把握城市发展的脉络,引领城市稳定有序发展。

3. 多智能体替代下公众参与群决策模型的实施与结果

由于模拟公众参与规划方案制定过程的难度较大,本研究暂且以相对简化的多智能体模型替代市民个体进行决策,以规划、国土、林业、环保等部门代表政府对规划方案进行约束和引导,利用上述公众参与概念模型,以广州市番禺区为例,对 2003~2008 年城市建设用地扩张方案的形成过程进行模拟实施,并将得到的规划方案与 2008 年实际建设用地扩张结果进行比较,判断规划方案的可操作性。

3.1 多智能体替代下公众参与群决策模型的实施方案

具体实施过程中,首先由政府发布相关背景信息,如番禺区 2003 年土地利用现状、主要交通干道、城市绿地分布、主要楼盘价格、公共基础设施分布、大型购物商场区位等;在此基础上,让作为 2003~2008 年新增常住人口的新增居民智能体,依据各自对不同居住环境的偏好,对未来居住区位进行选择,新增居民智能体的区位选择群决策结果即形成了市民主导的 2008 年番禺区建设用地扩张规划方案;初步方案形成后,由规划部门对新增建设用地尽量接近现状建成区进行约束、国土部门对新增建设用地尽量减少占用耕地进行约束、林业部门对新增建设用地尽量减少占用林地进行约束、环保部对新增建设用地尽量减少占用基塘用地进行约束。在此基础上,利用基于强化学习的多目标决策系统,对各地块是否适宜于转化为建设用地进行评估;将政府评估的结果和居民居住区位选择的结果进行比较,若双方都较为满意,则该用地扩张方案为最终方案,否则,将政府评估结果反馈给居民智能体,居民智能体结合政府评估结果和自身居住偏好,重新选择居住区位,从而形成新的建设用地扩张方案,该方案再次交由政府部门评估,如此循环,直至达到双方都满意的规划结果。

(1) 背景知识的发布和决策准则的生成

首先,政府发布番禺区相关背景知识,如土地利用现状、主要交通干道、城市绿地分布、主要楼盘信息、公共设施分布、大型购物商场区位等。公众根据自身知识及已有阅历,对自己所感知的部分空间进行有效观察,并发表自身意见。采用街头走访、网络问卷等形式对公众意见进行搜集和汇总,发现公众居住决策往往考虑是否临近地铁和公交站点、外出交通是否便利、孩子上学是否方便、周围是否有大型购物中心、医院可达性如何、周边有无公园、环境是否优美、价格是否合理,等等。对这些因素进行归纳,可知公众在居住区位选择时主要考虑以下四个因素:出行便捷度、生活便利度、环境优美度、价格适宜度。政府技术部门依据各地块现状设施等情况对地块进行评分,并向公众发布评分结果。

具体每个地块四个维度的评分方法如下:

① 出行便捷度:交通对居民的吸引力通过指数距离衰减函数来表达,到高速公路、主干道、地铁等交通设施的距离越近,出行便捷度越高。

$$Y_{traffic} = \alpha_1 \cdot e^{-\beta_1 \cdot Dis_{high}} + \alpha_2 \cdot e^{-\beta_2 \cdot Dis_{main}} + \alpha_3 \cdot e^{-\beta_3 \cdot Dis_{metro}} \quad (1)$$

其中 $Y_{traffic}$ 为出行便捷度;Dis_{high},Dis_{main},Dis_{metro} 分别表示地块到高速公路、主干道、地铁的距离;β_1,β_2,β_3 为高速公路、主干道、地铁的空间衰减系数。α_1,α_2,α_3 为对应的权重系数,且 $\alpha_1 + \alpha_2 + \alpha_3 = 1$。

② 生活便利度:到学校、医院、商业中心等公共设施的距离越近,居民的日常生活越便利。生活便利度指数计算公式如下。

$$Y_{public} = \delta_1 \cdot e^{-\gamma_1 \cdot Dis_{hospital}} + \delta_2 \cdot e^{-\gamma_2 \cdot Dis_{center}} + \delta_3 \cdot e^{-\gamma_3 \cdot Dis_{school}} \quad (2)$$

其中 Y_{public} 为区位的生活便利度;$Dis_{hospital}$,Dis_{center},Dis_{school} 分别表示地块到医院、商业中心、学校的距离;γ_1,γ_2,γ_3 为医院、商业中心、学校的空间衰减系数;δ_1,δ_2,δ_3 为对应的权重系数,且 $\delta_1 + \delta_2 + \delta_3 = 1$。

③ 价格适宜度:地价在很大程度上决定了房价,可承担的房价与居民自身收入息息相关。不同收入的居民选择居住区位往往不同。

④ 环境优美度:对环境的评估采用距离绿地和河流的距离来衡量,越是临近江河的地方环境越是优美,同样采用指数距离衰减函数来表达环境优美度。

$$Y_{environment} = \partial_1 \cdot e^{-\theta_1 \cdot Dis_{park}} + \partial_2 \cdot e^{-\theta_2 \cdot Dis_{river}} \quad (3)$$

其中 $Y_{environment}$ 代表区位的环境优美度;Dis_{park},Dis_{river} 分别代表地块到公园及河流的距离;其他参数同上式。

(2) 公众意见的表达及群决策方案的形成

公众由于自身属性相异而表现出对居住环境因子偏好迥异。"宜居性"指标权重的差异反映了不同个体对环境感知的不同。公众通过个人偏好计算地块的"宜居度"从而选择合适地块。"宜居度"的计算公式如下：

$$Y = \rho_1 Y_{traffic} + \rho_2 Y_{public} + \rho_3 Y_{environment} + \rho_4 Y_{price} \tag{4}$$

其中 Y 表示地块的"宜居度"；$Y_{traffic}, Y_{public}, Y_{environment}, Y_{price}$ 分别表示对应地块的出行便捷度、生活便利度、价格适宜度及环境优美度；$\rho_1, \rho_2, \rho_3, \rho_4$ 为公众个体对各个指标的偏好系数，且 $\rho_1 + \rho_2 + \rho_3 + \rho_4 = 1$。

公众在个人偏好的前提下，选择与个人偏好相似的区域，并在该区域内追求效用最大化，结合离散选择模型，选择合适区位居住。在本研究中，考虑到公众参与人数较多，数据量较大，为方便研究，我们对公众进行归类，将新增常住人口按收入分为低收入、中等收入、高收入三类居民智能体，来代替实际的居民个体，进行居住区位选择。经济发展是城市居住空间结构演变的根本动力，居民的收入水平是影响居住空间区位变化的直接因素。在充满竞争的当今社会，居民经济收入可能是最有意义的指标，它与人们的价值观、教育、购买力等息息相关。因此选择收入这一经济属性对公众群体进行归类具有一定的代表性。

但另一方面，公众个体由于自身阅历与知识的限制，通常只能对一定范围内的部分空间环境进行有效地观察，形成一定的感知。即公众仅仅能给出各自偏好下的评估方案或居住决策选择方案，即城市扩张形式。这样，就有多种可能的未来土地利用形式，每种土地利用形式往往是不同的，甚至是矛盾的。那么如何采用一种定量化的方法综合不同公众的意见和建议，制定出一个一致性程度最优的解决方案呢？我们采用公众群决策向量来代表公众意见的汇总，公众群决策向量 G 的计算如下：

$$G^k = \{g_j^k \mid g_j^k = \sum_{i=1}^{l} w_i p_j^i\} \tag{5}$$

$$w_{i+1} = \frac{C_{l-1}^i}{\sum_{k=0}^{l-1} C_{l-1}^k} = \frac{C_{l-1}^i}{2^{l-1}} \tag{6}$$

其中 $p_j^1 < p_j^2 \cdots < p_j^i$；$p_j^i$ 代表第 i 个公众对第 j 个准则的偏好向量，l 代表参与的公众人数。G^k 代表所有公众意见下的群决策向量。g_j^k 代表所有公众对第 j 个准则的偏好向量集。w_i 代表按顺序排列下 p_j^i 的权重因子，具有一定的对称性，满足 $w_i = w_{l-i+1}$，且 $\sum_{i=1}^{l} w_i = 1$。

这样的公众群决策向量是否是所有公众一致认可的最优向量呢？我们采用公众群意见值 C 来表达公众意见是否一致，公众群意见值 C 的计算如下：

$$C = \frac{\sum r_{i,j}}{C_n^2} = \frac{\sum r_{i,j}}{\frac{1}{2}n(n-1)} \tag{7}$$

r_{ik} 代表第 i 个公众与第 j 个公众之间的意见值,且 $-1 \leqslant r_{ik} \leqslant 1$。$r_{ik}$ 值越趋向1,代表两个公众之间的意见越统一,r_{ik} 值越趋向 -1,代表两个公众之间的意见越不统一。r_{ik} 的计算如下:

$$r_{ik}(p^i, p^i) = \frac{\sum_j [(p_j^i - \overline{p^l})(p_j^k - \overline{p^k})]}{\{\sum_j [(p_j^i - \overline{p^l})^2 (p_j^k - \overline{p^k})^2]\}^{\frac{1}{2}}} \quad (8)$$

其中 $\overline{p^l} = \frac{1}{m} \sum_{j=1}^{m} p_j^i$,$\overline{p^k} = \frac{1}{m} \sum_{j=1}^{m} p_j^k$,$m$ 代表准则数。

从上述公式可以看出,公众群意见值是对任意两个公众意见值求取算术平均所得。

对公众意见值的评判,通过设置阈值R,如果公众群意见值大于阈值R,那么公众意见相对一致,公众群决策向量G则为公众意见一致向量,该方案即为群决策最优方案;否则,公众意见不一致。如若公众意见不一致,此时需要由政府加以引导,让公众意愿与政府利益相博弈,实现两者协商下的最优向量,即最优群决策方案。

(3) 政府与公众群决策的博弈

公众群意见不一致是最为常见的结果,原因在于公众个体由于自身阅历及知识的限制,通常只能对自己所感知的部分空间环境进行有效地观察,所形成的结果必然具有一定的局限性。此时,若有能够宏观把控全局的政府部门加以引导,并与公众进行平等协商,进而影响公众的决策选择,将最终使公众的选择不仅仅是个人意愿下的选择,而是与政府协商后的最优选择。

本文选取与番禺区城市扩张紧密相关的规划、农业、林业、环保等部门作为宏观规划控制部门,从而引领番禺区城市扩张的有序稳定发展。

规划部门:城市在进行总体规划时,一般都希望新增建设用地可以尽量接近已有的老城区,实现公共设施资源的高效利用。另外,在城市用地中存在的一些开发用地,往往是政府之前已经规划或当前正在规划的用地,因此在城市扩张中将比其他用地拥有优先转化权。规划部门对地块的评估值 h_{plan} 计算如下:

$$h_{plan} = \left[\frac{\min(\sum D_{p,pk})_{t=t-1, t-2, \ldots}}{\sum D_{p,pk}}\right] \left[\frac{\min(\sum D_{p,pk})}{D_{p,pk}}\right] \quad (9)$$

其中 $D_{p,pk}$ 表示新转化城市用地地块 p 到老城区地块 p_k 的距离,$\min(\sum D_{p,pk})$ 表示当前方案中的最小距离,$\sum D_{p,pk}$ 表示当前方案中的距离和,$\min(\sum D_{p,pk})_{t=t-1, t-2, \ldots}$ 表示截止到t时刻所有方案中的最小值。

国土部门:"十分珍惜、合理利用土地和切实保护耕地"是我国的基本国策。2003年番禺区耕地面积 3.93711866×10^8 平方米,占总面积的33%,然而到2007年,耕地面积却为

1.76049133×10⁸平方米,占总面积的15%。番禺区必须加大农田保护力,确保耕地数量的稳定与质量的逐步提高。国土部门对地块的评估值 h_{arg} 计算如下:

$$h_{arg} = \left[\frac{\min(\sum_p A_p)_{t=t-1,t-2,\ldots}}{\sum_p A_p}\right]\left[\frac{\min(A_p)}{A_p}\right] \tag{10}$$

其中p表示转为城市用地的某块耕地。A_p 表示p的面积,$\min(A_p)$ 表示当前模拟中的最小面积,$\sum_p A_p$ 表示当前模拟中面积和,而 $\min(\sum_p A_p)_{t=t-1,t-2,\ldots}$ 表示截止到t时刻所有模拟中的最小值。

林业部门:森林作为地球系统的主体、大自然的总调度室、地球的绿色之肺、人类的好朋友,其具有保护环境、净化空气、防风固土等作用。因此加强对森林的保护是不言而喻的,在城市扩张中应尽量降低林地转化为城市用地的比例。林业部门对地块的评估值 h_{fst} 的计算如下:

$$h_{fst} = \left[\frac{\min(\sum_p A_p)_{t=t-1,t-2,\ldots}}{\sum_p A_p}\right]\left[\frac{\min(A_p)}{A_p}\right] \tag{11}$$

其中p表示转为城市用地某块林地,其他同上。

环保部门:基塘农业是珠江三角洲地区的劳动农民在长期的农业生产实践中创建的一种独特农业形式。基塘农业中,基上种桑种蔗种果树,塘中养鱼养水产,两者相互促进互为利用构成基、塘互养的水陆物质循环体系,提高了资源利用率和经济效益,体现了土地节约集约利用的核心思想。典型而富有特色的基塘农业已成为番禺区的一道独特风景线,因此环保部门对基塘农业的保护显得尤为重要。环保部门对地块的评估值 h_{env} 计算如下:

$$h_{env} = \left[\frac{\min(\sum_p A_p)_{t=t-1,t-2,\ldots}}{\sum_p A_p}\right]\left[\frac{\min(A_p)}{A_p}\right] \tag{12}$$

其中p表示转为城市用地某基塘地块,其他同上。

各部门利用强化学习算法不断更新对地块的评估值。基于强化学习算法原理,地块的评估值计算如下:

$$e_{p(t+1)} = \max[0, e_{p(t)} + \alpha(h_p - e_{p(t)})] \tag{13}$$

其中,$e_{p(t)}$ 的初始值为0;α 表示学习率,设置为0~1。

最终获得四部门协商下的权衡评估值 W 如下:

$$W_{p(t+1)} = \theta_1 \cdot E_{p1(t+1)} + \theta_2 \cdot E_{p2(t+1)} + \theta_3 \cdot E_{pn(t+1)} + \theta_4 \cdot E_{p4(t+1)} \tag{14}$$

评估值 W 描绘了政府部门对于非城市建设用地转化为城市建设用地的期望,评估值越大,政府对地块转为城市建设用地的期望越大,反之则越小。

公众根据个人偏好得到的地块宜居度评价值 Y,与政府根据整体利益对地块转化为城市建设用地适宜度的评估值 W，两者进行博弈协商，最终得到双方均满意的满意值 Z：

$$Z_{p(t+1)} = W_{p(t+1)} \times Y_{p(t+1)} \qquad (15)$$

Z 是双方意愿的共同体现，在强化学习的继续，Z 在不断更新的同时，也会将其反馈给公众并影响公众的选择，使公众的选择不再仅仅依靠个人偏好，而是结合包含政府意愿的满意值 Z 来进行决策。也就是说，最初模型模拟过程具有主观性，随着模拟次数的增多以及强化学习的深入，公众居住位置的选择开始考虑一些客观因素并实现主客观的统一，最终在基于个人偏好的前提下，依据 Z 值进行位置选择。

公众与政府的协商博弈说明了公众居住区位决策只是在个人意愿下的选择，而是最后经过与政府部门共同协商博弈，达到双方均满意的结果。公众参与下的城市扩张既遏制政府规划权的过分膨胀，又充分考虑了公众意愿，从而最大限度地协调各利益群体，实现资源的优化配置，可以为城市规划部门提供有效的决策支持。

3.2 多智能体替代下公众参与群决策模型的模拟结果

上述模型的实现采用 NetLogo 平台，利用 NetLogo 中 GIS-Extension 模块，采用矢量数据模型，以广州市番禺区为例，对 2003~2008 年城市建设用地扩张方案进行模拟，得到政府宏观约束下番禺区 2003~2008 年城市建设用地扩张的公众参与群决策规划方案。在该方案中，番禺区 2008 年城市建设用地总量将达到 2.6×10^8 平方米，与 2003 年的现状城市建设用地 1.68×10^8 平方米相比，增加了 9.2×10^7 平方米，增幅达 55%。而现实的土地利用监测结果显示，2003~2008 年，番禺区城市建设用地实际增长 8.4×10^7 平方米，增幅为 50%。可见从总量增长上看，该方案与番禺区实际发展需求较为符合，能为城市发展提供有效的新增用地供给。

进一步考察规划方案中新增城市建设用地的分布，在 ArcGIS10.0 中将规划方案的用地斑块与实际用地斑块进行点对点叠置分析，不考虑既有建成区用地，其他地块依据是否转化为建设用地，得到四种斑块类型：实际转换，且规划转换；实际转换，且规划不转换；实际不转换，且规划转换；实际不转换，且规划不转换。与实际用地转化相比，规划方案的预测精度为 85.83%。

为评价政府约束下公众参与群决策规划方案的相对合理性，将该方案与仅考虑政府部门宏观规划而没有公众参与的政府规划方案、仅有公众群决策而没有政府约束的公众决策方案进行比较。三个方案在建设用地增长面积上相差较小，因此主要比较各方案下，新增建设用地对不同原始用地类型的占用情况（表 3-2）。总体而言，政府约束下公众参与方案的各类用地转化比例介于政府规划方案和公众决策方案之间，且更接近公众决策方案的结果。说明该方案能够较大程度地体现公众自下而上的发展诉求，同时又能符合政府自上而下的硬性约束。

表 3-2　番禺区不同规划方案下 2003～2008 新增城市建设用地来源

	耕地	林地	园地	基塘	开发用地	合计
政府约束下公众参与群决策规划方案	59%	7.5%	7.3%	14%	11%	100%
无公众参与的政府规划方案	66.7%	10.4%	8.4%	4.6%	10%	100%
无政府约束的公众群决策规划方案	56.7%	7.4%	6.8%	19.1%	10%	100%

因此,利用政府约束下公众参与群决策方法对番禺区 2003～2008 年城市建设用地扩张进行规划模拟,不仅在总量和分布上与实际新增建设用地拟合度较高,即规划的可实施性较强,同时规划方案既满足了政府的宏观规划目标又尊重了公众的微观个体意愿,实现了宏观与微观之间的动态平衡并达到双赢。该模型可以为公众参与的民主决策提供定量化方法,为公共政策的制定提供科学的决策支持。

4. 众包理念下的公众参与群决策技术创新

上节以多智能体模型替代市民个体,基于 GIS、多智能体模拟、强化学习、多目标决策等技术方法,以广州市番禺区 2003～2008 年城市建设用地扩张方案为例,对前文提出的众包理念下公众参与群决策概念模型进行了模拟实现。结果显示,本文提出的公众参与城市规划概念模型有很好的应用潜力。与政府主导的传统城市规划模式相比,新的规划模式可以有效地将公众参与纳入规划流程,且公众参与形式从象征性的意见征询和方案公示,提升为公众作为"众包"对象,实际参与到规划决策的制定过程当中。公众成为规划方案的实际制定者,在政府相关部门的引导和约束下,通过多轮磨合和协作,形成既符合城市整体利益要求、又充分体现公众发展意愿和需求的规划方案。

在实际应用中,利益相关的公众个体或群体,取代上节模型模拟实现中的市民智能体,基于政府提供的规划背景信息和关键的规划决策准则信息,依据个人对城市发展的意愿和需求,提出若干规划方案,并在政府部门的宏观指导和约束下,通过与政府之间以及内部不同利益诉求群体之间的反复协商,得到各方都相对满意的规划方案。当然,实际规划项目的操作将远比模型模拟要复杂得多,尤其是公众对于信息和技能的学习、政府与公众之间的有效沟通,以及各方的反复博弈协商,都将成为需要面对的巨大挑战。未来规划师的社会角色和专业能力,也必须在现状基础上,更多承担沟通者和协调者的职责,以应对"众包"时代公众对城市发展越来越多样和强烈的参与诉求。

参 考 文 献

[1] 刘奇志:"公众参与城市规划的兴起与发展",《城市规划汇刊》,1991 年,第 4 期,第 17～26 页。
[2] 大卫·马门:"规划与公众参与",《国外城市规划》,1995 年,第 1 期,第 41～50 页。

[3] 梁鹤年:"公众(市民)参与:北美的经验与教训",《城市规划》,1999年,第5期,第49~53页。

[4] 张庭伟:"政府、非政府组织以及社区在城市建设中的作用——在全球化的世界中进行放权规划管理的展望国际讨论会回顾",《城市规划汇刊》,1998年,第3期,第14~18页。

[5] 张庭伟:"社会资本、社区规划及公众参与",《城市规划》,1999年,第10期,第23~26页。

[6] 杨贵庆:"试析当今美国城市规划的公众参与",《国外城市规划》,2002年,第2期,第2~5页。

[7] 孙施文、殷悦:"西方城市规划中公众参与的理论基础及其发展",《国外城市规划》,2004年,第1期,第15~20页。

[8] 殷成志:"德国城市建设中的公众参与",《城市问题》,2005年,第4期,第90~94页。

[9] 王郁:"日本城市规划中的公众参与",《人文地理》,2006年,第4期,第34~38页。

[10] 何丹、赵民:"论城市规划中公众参与的政治经济基础及制度安排",《城市规划汇刊》,1999年,第5期,第31~34页。

[11] 陈锦富:"论公众参与的城市规划制度",《城市规划》,2000年,第7期,第54~57页。

[12] 罗小龙、张京祥:"管制理念与中国城市规划的公众参与",《城市规划汇刊》,2001年,第2期,第59~62页。

[13] 唐文跃:"城市规划的社会化与公众参与",《城市规划》,2002年,第9期,第25~27页。

[14] 黄瑛、龙国英:"建构公众参与城市规划机制",《规划师》,2003年,第3期,第56~59页。

[15] 赵秀敏、葛坚:"城市公共空间规划与设计中的公众参与问题",《城市规划》,2004年,第1期,第69~72页。

[16] 杨新海、殷辉礼:"城市规划实施过程中公众参与的体系构建初探",《城市规划》,2009年,第9期,第52~57页。

[17] Arnstein, S. R. 1969. A ladder of citizen participation. *Journal of the American Institute of Planners*, vol. 35, No. 4, pp. 216~224.

[18] 赵民、刘婧:"城市规划中公众参与的社会诉求与制度保障——厦门市PX项目事件引发的讨论",《城市规划学刊》,2010年,第3期,第81~86页。

[19] 周丽亚、林晨:"深圳城市规划中的公众参与",《规划师》,2000年,第5期,第66~69页。

[20] 邹丽东:"公众参与城市规划编制过程探索——以上海长宁区为例",《规划师》,2000年,第5期,第70~72页。

[21] 闵忠荣、丁小兰、郑林:"城市规划中的公众参与——以南昌为例",《城市问题》,2002年,第6期,第40~43页。

[22] 王学海:"昆明公众参与城市规划的成功实践",《规划师》,2005年,第5期,第55~57页。

[23] 戴月:"关于公众参与的话题:实践与思考",《城市规划》,2000年,第7期,第59~61页。

[24] 纪锋:"公众参与城市规划的探索——以泉州市为例",《规划师》,2005年,第4期,第20~23页。

[25] 莫文竞:"西方城市规划公众参与方式的分类研究——基于理论的视角",《国际城市规划》,2014年,第5期,第76~82页。

[26] 李军洪:"城市规划公众参与在背街小巷工程中实践研究"(浙江大学硕士学位论文),2008年。

[27] 邹兵、范军、张永宾、王桂林:"从咨询公众到共同决策——深圳市城市总体规划全过程公众参与的实践与启示",《城市规划》,2011年,第8期,第91~96页。

[28] 钱前、甄峰、王波、熊丽芳:"基于公众参与的城市产业规划编制思路与方法研究——以《南京中央门产业发展规划》为例",《城市发展研究》,2012年,第11期,第49~56页。

[29] 韦飚、戴哲敏:"比较视域下中英两国的公众参与城市规划活动——基于杭州和伦敦实践的分析及启示",《城市规划》,2015年,第5期,第32~37页。

［30］石莹怡:"城市规划公众参与中媒体效应的运用——以广州海珠桥南广场地区旧城改造规划公众参与为例",《规划创新:2010年中国城市规划年会论文集》,2010年。
［31］吴祖泉:"解析第三方在城市规划公众参与的作用——以广州市恩宁路事件为例",《城市规划》,2014年,第2期,第62～68页。
［32］孙施文、邹涛:"公众参与规划,推进灾后重建——基于都江堰灾后城市住房的重建过程",《城市规划学刊》,2010年,第3期,第75～80页。
［33］朱谦:"城市规划环评中公众意见的表达途径——以厦门市海沧南部地区规划环评公众参与座谈会为例",《城市规划》,2012年,第6期,第17～22页。
［34］郑卫:"我国邻避设施规划公众参与困境研究——以北京六里屯垃圾焚烧发电厂规划为例",《城市规划》,2013年,第8期,第66～71页。
［35］殷冬明:"是公众参与,还是全民掺和?",《北京规划建设》,2005年,第6期,第69～70页。
［36］何泳:"城市规划管理工作中的公众参与实践",《北京规划建设》,2013年,第1期,第85～88页。
［37］王全、张峰、刘根发、王森:"公众参与地理信息系统与城市规划民主进程",《上海城市规划》,2010年,第1期,第9～12页。
［38］王鹏:"新媒体与城市规划公众参与",《上海城市规划》,2014年,第5期,第21～25页。
［39］许剑、党安荣、李涛:"大数据视角的城市规划编制方法研究",《地理信息世界》,2016年,第3期,第1～4页。
［40］张峰、徐建刚:"GIS在城市规划公众参与中的应用初探",《城市规划》,2002年,第8期,第65～68页。
［41］Brown, G., Kytta, M. 2014. Key issues and research priorities for public participation GIS (PPGIS): A synthesis based on empirical research. *Applied Geography*, vol. 46, pp. 122～136.
［42］Brown, G., Weber, D. 2011. Public Participation GIS: A new method for national park planning. *Landscape and Urban Planning*, vol. 102, No. 1, pp. 1～15.
［43］Brown, G., Schebella. M. F, Weber, D. 2014. Using participatory GIS to measure physical activity and urban park benefits. *Landscape and Urban Planning*, vol. 121, pp. 34～44.
［44］Salonen, M., Broberg, A, Kytta, M, et al. 2014, Do suburban residents prefer the fastest or low-carbon travel modes? Combining public participation GIS and multimodal travel time analysis for daily mobility research. *Applied Geography*, vol. 53, pp. 438～448.
［45］Kahila-Tani, M., Broberg, A., Kytta, M., et al. 2016. Let the citizens map-public participation GIS as a planning support system in the Helsinki Master Plan process. *Planning Practice and Research*, vol. 31, No. 2, pp. 195～214.
［46］Tang, Z, Liu, T. 2016. Evaluating Internet-based public participation GIS (PPGIS) and volunteered geographic information (VGI) in environmental planning and management. *Journal of Environmental Planning and Management*, vol. 59, No. 6, pp. 1073～1090.

第四部分
众创空间的发展与规划启示

随着传统制造业的发展和转型，批量化的工业生产和流水线式的服务逐渐被个性化创造的生产和服务所替代，创客群体及众创空间应运而生，成为城市发展中的新元素。本部分在综述众创空间产生与发展的基础上，重点以典型城市——深圳市为案例，从众创空间的创新联系网络视角，分析众创空间的发展及其对城市规划的启示。

众创空间的产生与发展

裴亚新　周素红
（中山大学地理科学与规划学院）

近年来，传统制造业面临发展和转型，批量化的工业生产和流水线式的服务逐渐被个性化创造的生产和服务所替代，也因此涌现出一批结合自身兴趣，开展创造与创新工作的群体，这个群体被称之为"创客"。目前，创客的队伍已由原先的个人制作（Do It Yourself/DIY）爱好者扩展到了全世界计算机爱好者、工程师、艺术家、设计师等群体，由此形成了一个松散的全球网络，并催生了影响全球的创客运动。目前，其商业应用早已超越了网络时代流量变现的营销范围，深入到产品研发、生产、制造、仓储物流、客户服务等工业和商业环节[1]。创客运动的特点体现在开展创造性劳动上，即：使用专业软件或者智能工具等手段设计新产品并制作样品；在开源社区和虚拟网络中分享设计成果并进行合作；开展自主设计与自行制造。需求者通过各类定制服务或者技术和软硬件（如3D打印机和激光切割机等）支持，可轻而易举地将自己的设计图样变成产品。由此可见，创客运动对现代制造业的影响是巨大的。它是一种自下而上的创新运动，个性化工业产品的创造需求推进了技术创新，开展技术创新的创客集聚形成一系列新型空间。这类空间具有良性的创新互动条件，进一步培养新的创造性人才，并形成良性循环的创新生态，被称之为创客空间（Hackerspace）。

创客空间是创客聚集的空间，是他们通过分享知识、共同工作等方式创造新事物的实体实验室和虚拟社区。创客空间将创意、发明、创新、创业转化为一个有机的过程，将成为创业的集散地和创新社区的中枢。截至2014年5月，全球共有超过1400个创客空间分布在超过120个国家中，通过一个松散的网络互相连接[2]。目前，国外文献对于创客空间的定义尚未达成共识，不同创客社区使用不同的称呼，如：实验室（Fablab），工作坊（Techshop），共享平台（Sharing Platform）等[3,4]，而试图阐明不同类型创客空间的学术研究很少。其中，英文维基百科对创客空间的定义：是一个以社群模式运作的工作场地，其成员具有共同的兴趣、经常使用电脑进行机械加工，关注科技、科学、数码和电子技术，同时这些人能够在实体空间中相遇，进行正常社交，进而产生合作[5]。该定义主要描述其适用人群、关注领域和功能。此外，莫伊拉宁（Moilanen）[6]认为创客空间是一种"第三场所"（第一场所为家或者其他相似空间，第二类场所为工作地），其具有第三空间的一系列特征[7-8]。

在中国,近年来,以"劳动者—共享平台—消费者"为特征的共享经济发展模式得到快速发展[9]。与传统的"劳动者-企业-消费者"模式不同,个体成为该模式的核心消费者与拥有者,由此形成了创客群体。这些群体聚集形成的创新社区类似于国外的创客空间,但又有一定的差异。例如,张娜认为众创空间是国外创客空间概念传入中国之后,其概念与内涵的一次升级与发展,可以将众创空间理解为创客空间＋创业孵化空间[10]。2015年李克强总理在政府工作报告提出:"大众创业,万众创新",并由此推出一系列相关政策,进一步促进了创新和发展,涌现大量的众创空间。众创空间的产生为我国创客以及创客运动提供了适宜的活动场所,同时也成为创业孵化的温床。据2015年《中国创新发展报告》的调研,国内的众创空间大概有140多家,整体处于发展期[11]。

众创空间的产生也开始引起学者的关注,但目前相关文献还不多,研究方向与领域也比较分散,尤其缺乏与规划管理直接相关的研究。例如,威廉姆斯(Williams)等[12]从创建与管理资源的角度,对一个创客空间进行民族志学研究,认为科技对于创客空间的管理至关重要。莫利安(Moilanen)[13]从集聚的角度,对一家创客空间进行深入调研,发现创客人群聚集于创客空间的很重要的一点原因,在于个人的社会性动机,即创客们非常有兴趣在真实的生活中遇见其他创客,分享观点、共同学习以及一起玩乐。

中国众创空间的快速发展也开始引起国外学者们的关注,林特讷(Lindtner)对于中国创客空间表现出极大的兴趣与关注[14,15],他以上海新车间、深圳的HAXLR8R等几所创客空间为例,分析创客文化如何在中国生根发芽以及中国创客文化的现象与实践等。已有的相关研究普遍认为,创客空间的产生和发展标志着"中国创新"已经存在,而其动力来源于草根团体的力量,中国的创客表现出的中国制造业正在实现一种大众生产模式的转变。国内学者也开展了国内外相关案例的研究[16-21],主要包括:

第一,以研究国外创客空间案例为主。从创客空间的演变以及文化背景等方面对国外创客空间类型、运营模式等进行介绍,并对国外运行成熟、有特点的创客空间进行案例解析,分析其空间特点、主营业态和运营模式,以期对中国创客空间的建设提供建议。徐思彦和李正风[16]全面地综述了国外创客运动以及创客空间的发展演变,在此基础上对创客空间的运行模式与表现形态、创客空间的创新模式进行定性总结描述。其主要观点在于以下三点:创客运动兴起于其文化背景,创客文化在继承了旧有的车库文化、黑客文化的基础上,结合了当代美国的DIY文化与反主流文化中对于技术与发明的态度,即开放、共享、创造的精神,发展成为一个具有复杂内涵的文化类型;创客空间(Makerspace)的发展来源于骇客空间(Hackerspace),并成为新一轮创客运动的载体在全球蔓延;创客空间普遍使用社区自治的运行方式,具有以下三种表现形态:社区型创客空间、fab lab和商业型机器商店。王立娜等[17]以美国Techshop为例对美国创客空间运营模式进行解析,认为,Techshop是一家提供高级硬件设备、鼓励和激发会员创意的创新社区,在业务模式中,其与国内与国际的政府机构、制造业公司、咨询商业、高校等方面都有合作。同时,认为美国创客空间的政策环境对于创客空间的发展具有积极作用。田倩飞等[18]以英国两家创客空间 Makerspace 和 Access space 为例,详细介绍了其资金来源、组织方式、管理制度等。

第二,以分析研究国内创客空间为主。国内学者重点解析了国外创客空间与国内众创空间的异同,并结合本地特点,对其进行分类研究,并通过对有特色的众创空间进行田野调查来深入研究其特点。王佑镁[19]、张娜[20]对众创空间从内涵、发展脉络、空间特征、功能模式、发展类型以及运营方式六个层面做了细致的定性分析,较为全面地刻画了当前国内众创空间的发展情况。文章首先对创客空间与众创空间在内涵与取向上的差异做一说明,认为众创空间是国内对于国外创客空间概念传入中国之后的概念与内涵的一次升级发展,可以将众创空间理解为"创客空间+创业孵化"的概念。指出众创空间的运营方式有提供创意分享空间和硬件条件、开展多样的创业活动加强协作创造、线上线下的联合创新三种方式。谢莹等[21]以深圳柴火空间创客空间调查为例,对中国创客运动以及创客空间的发展情况进行定性归纳研究。作者认为创客空间的项目孵化由以下四个阶段构成,从创意到原型、原型到成品、融资和市场预测、成品小批量生产形成一个合理的组织模式,并从全球与本地两个层次上对组织模式进行分析论证。

总体上,目前国内外有关众创空间的研究主要集中在对空间的内涵、产生的文化背景、类型和运营模式等方面,都强调创新及创新文化在众创空间产生中的作用。然而,已有文献缺乏从该空间产生的重要基础,创新网络的构建及其对空间选择的影响角度进行研究,也缺乏对政府规划管理启示的讨论,后文重点从这两方面进行论述。

(备注:本文主要内容源于:周素红,裴亚新:"众创空间的非正式创新联系网络构建及规划应对",《规划师》,2016,32(9):11-17)

参 考 文 献

[1] Bean, J., Rosner, D. 2014. Making: Movement or brand? *Interactions*, vol. 21, No. 1, pp. 26~27.
[2] List of All Hackerspaces. http://hackerspaces.org/wiki/List_of_ALL_Hacker_Spaces, accessed 2014-05-30.
[3] Toombs, A. 2015. Enacting care through collaboration in communities of makers. CSCW'15 Companion: Proceedings of the 18th ACM Conference Companion on Computer Supported Cooperative Work & Social Computing, pp. 81~84.
[4] Williams, M. R., Hall, J. C. 2015. Hackerspaces: A case study in the creation and management of a common pool resource. *Journal of Institutional Economics*, vol. 11, No. 4, pp. 1~13.
[5] Hackerspace. https://en.wikipedia.org/wiki/Hackerspace. 2016.
[6] Moilanen, J. 2012. Emerging hackerspaces- Peer-production generation. In: Hammouda, I., Lundell,

B., Mikkonen, T., et al. Open Souce Systems: Long-Term Sustainability Heidelberg: Springer. pp. 94~111.

[7] Capdevila, I. 2015. Co-working spaces and the localised dynamics of innovation in Barcelona. *International Journal of Innovation Management*, vol. 19, No. 3. pp. 8~48.

[8] Li, Y., Guo, Q., Fu, Z. 2014. Collaborative innovation research on co-working platform based on Lean Startup model. 16th International Conference on Human Interface and the Management of Information: Information and Knowledge Design and Evaluation, *HCI International* 2014, pp. 491-502.

[9] 彭文生、张文朗、孙稳存:"共享经济是新的增长点",《银行家》,2015年,第10期,第64~67页。

[10] 张娜:"众创空间——互联网+时代本土化的创客空间",《科协论坛》,2015年,第10期,第22~25页。

[11] 陈郁:"《中国创新发展报告(2015)》发布 我国创新能力进入快速发展阶段,http://www.ce.cn/xwzx/gnsz/gdxw/201512/15/t20151215_7571327.shtml",2015年。

[12] Williams, M. R., Hall, J. C. 2015. Hackerspaces: a case study in the creation and management of a common pool resource. *Journal of Institutional Economics*, vol. 11, No. 4, pp. 1~13.

[13] Moilanen, J. 2012. Emerging hackerspaces-peer-production generation. In: Hammouda, I., Lundell, B., Mikkonen, T., et al. Open Source Systems: Long-Term Sustainability. Heidelberg: Springer, pp. 94~111.

[14] Lindtner, S., Li, D. 2012. Created in China: the makings of China's hackerspace community. *Interactions*, vol. 19, No. 6, pp. 18~22.

[15] Lindtner, S. 2014. Hackerspaces and the Internet of Things in China: How makers are reinventing industrial production, innovation, and the self. *China Information*, vol. 28, No. 2, pp. 145~167.

[16] 徐思彦、李正风:"公众参与创新的社会网络:创客运动与创客空间",《科学学研究》,2014年,第12期,第1789~1796页。

[17] 王立娜、房俊民、田倩飞 等:"美国创客运营模式研究——以全球知名创客空间TechShop为例",《创新科技》,2015年,第5期,第7~9页。

[18] 田倩飞、房俊民、王立娜 等:"英国创客空间的组织方式及运作机制",《科技创新与应用》,2015年,第13期,第61~62页。

[19] 王佑镁、叶爱敏:"从创客空间到众创空间:基于创新2.0的功能模型与服务路径",《电化教育研究》,2015年,第11期,第5~12页。

[20] 张娜:"众创空间——互联网+时代本土化的创客空间",《科协论坛》,2015年,第10期,第22~25页。

[21] 谢莹、童昕、蔡一帆:"制造业创新与转型:深圳创客空间调查",《科技进步与对策》,2015年,第2期,第59~65页。

众创空间的非正式创新联系网络构建及规划应对

周素红 裴亚新

（中山大学地理科学与规划学院）

机器人技术、人工智能、3D打印等高技术的开发应用以及互联网的发展，促使以批量生产为特征的传统制造业向以个性化创造与服务为特征的方向转型，创新成为产业发展的重要根基。在此背景下，创客（Maker）以及创客运动快速席卷全球。在中国，创客团体正不断增加，催生了新一波的创业热潮。作为该运动的载体，众创空间被看作是能够吸引创客聚集，通过分享知识、共同工作（Co-working）等方式创造新事物的实体实验室，近年来，在政策的引导下，通过市场化机制、专业化服务和资本化途径正得到快速发展[1]，并将成为新时期产业转型升级和城市空间再利用的重要动力。

创新网络的构建是众创空间产生的重要基础，在新技术和互联网支持下，创新网络产生新的组织模式和表现形式，非正式创新网络正发挥重要的作用，成为催生众创空间的"看不见的手"。在此背景下，本文试图对非正式创新网络的构建及其所依托的社会环境、物质空间载体和网络空间载体进行研究，揭示其区位选址和空间利用的机制与规划应对。

1. 众创空间的非正式创新网络构建

广义的众创空间包括区域尺度的创新产业集群空间和微观尺度的众创空间。前者由来已久，表现为以实体业务协作和正式创新网络联系为基础的产业集群区，诸如，硅谷、128公路、"第三意大利"、北京中关村、台湾新竹等；后者表现为以非正式联系和非正式创新网络构建为基础的中微观创新空间，即狭义的众创空间，是近年来快速发展的空间表现形式，也是本文研究关注的重点。

创新及创新网络的构建是众创空间产生的前提。进入21世纪以后，在西方经济地理学界"关系转向"的影响下，越来越多的学者开始关注集群内部企业之间的联系与网络，而很多证据显示，现代创新过程已经变成了一种网络过程[1]。弗里曼（Freeman，1991）提出创新网

---

① 《2015年国务院政府工作报告》缩略词注释。

络的概念[2]。他总结了自1980年以来的关于创新网络的研究并进行扩展,提出企业与大学、政府研究所、咨询行业、研究中心之间的正式网络与非正式联系网络对于创新过程是至关重要的;而个人属性中的信任、自信或者畏惧都在网络运行中扮演重要的角色;技术的进步引起了网络化的变化,表现为创新网络形成方式的变化[2-3]。

可见,创新的过程是一个网络构建的过程:一方面,创新网络使得一定空间范围内相关企业在分享创新资源、利用知识外溢效应、降低创新风险方面有着潜在的优势,并在微观上极大地方便了企业之间的信息共享、研发合作、技术互补和人才流动,强化其在空间上的集聚[4-5];另一方面,这种集聚的形成与发展又不断促进周边创新网络的建设与完善,促进地区的整体发展。因此,创新网络成为塑造新产业空间的重要动力。然而已有关于创新网络的研究主要针对的物质空间载体是产业集群区[6-12],与新型的众创空间在不同尺度的创新网络构建方面有一定的相似性,但主要差异在于前者的创新网络构建以正式联系网络为主,后者则更强化了非正式联系网络的作用。因此,后文对非正式联系网络进行专门的研究。

(1)非正式创新联系网络的特征

非正式联系网络是与正式联系网络相对的概念,学界对此并没有严格的定义。一般认为,正式联系是指基于正式合同的创新联系,如战略联盟、技术研究共同体、合资等形成的合作关系;非正式联系则指没有正式合同的创新联系,如企业衍生、人才流动、长期贸易网络等形成的社会关系。二者被认为是推动产业集群技术创新与进步的重要因素[11]。其中,非正式联系网络是人们在日常的工作与互动过程中,经过较长时间的相处,基于共同的爱好和利益或者情感关系联结起来的群体网络,在现代组织管理理论中对其有较多的研究。

具体而言,非正式联系网络没有固定的组织形式,结构松散,形式多样,具有一定的自发性。相对地,正式联系网络的形成是由企业任务或命令约束和驱动的,具有一定的被动性[13]。由上文分析可知,非正式联系网络与正式联系网络是基于创新网络联系的视角进行的分类,两个概念之间并不是相对立的,非正式联系网络与正式联系网络也不会单独存在,在多数活动中都是协同发生作用的,从其在创新网络中发挥的作用来看,两者对创新行为的影响具有相辅相成的作用(表4-1)。

表4-1 创新的正式联系网络与非正式联系网络的比较

	正式联系网络	非正式联系网络
网络基础	正式的契约方式	情感联系、咨询联系与合作联系等非契约方式
资源利用	获取资源渠道稳定且保障性好,但交易费用高	获取资源渠道不稳定,缺乏保障,但交易费用少
创新风险	需支付高昂的履约成本	需支付高昂的信任成本

续表

	正式联系网络	非正式联系网络
创新效果	减少创新过程中的争议,分散创新风险,减少风险成本	减少交易费用和履约成本,适应动态变化,有利于激发创意,维持正式网络的稳定性和持久性并拓宽正式创新网络边界,促进创新扩散
成功因素	网络参与者各方具有共同的利益取向;资源互补	共同的情感或价值取向;相互之间的信任与开放共享的文化;联系的日常性
空间效应	一般要求有正式合法的独立产权空间;形成产业集群区	无独立产权空间要求,选址灵活;形成众创空间和产业集群区

注:作者根据参考文献[14]整理。

非正式联系网络在创新中发挥的作用越来越受到关注。相关研究主要着眼于对创新网络"非正式"属性的探究,"非正式联系网络""非正式联系""非正式交流"等相关概念都被频繁使用。已有的研究普遍认为产业集群技术创新的非正式联系是技术和知识在集群内快速传递的路径和渠道[15-16],同时,非正式联系的类型和形成过程也受到关注[17-20]。但总体上,当前的研究成果还存在很多不足,对非正式制度形成的原因与影响机制研究不够丰富也不够深入,除了区域与地方尺度,缺乏其他尺度与维度的研究[17]。

在非正式联系网络类型的分类方面,以网络作用的范围为依据,可以分为企业内部非正式联系网络与企业外部非正式联系网络。内部非正式联系网络是指企业内员工在工作与非工作环境下产生的联系;外部非正式联系网络是指员工与非本企业人员建立起来的工作或情感联系等。前者与空间内部的使用有关,而后者则对区位选址产生影响。此外,以网络联系建立的方式为依据,可以划分为咨询网络、情感网络和业务网络等[21],其中信任是非正式联系网络建立的基础[22-23],而信任文化的建设需要一定的保障机制,其中,众创空间的合理组织和运营有利于构建上述文化。因此,本文分别从上述两个维度分析众创空间的创新网络类型和对其区位选址与内部空间组织的影响。

(2)众创空间的非正式创新联系网络构建机制

为了分析众创空间的非正式创新联系网络构建机制,需要分析其关注领域、服务对象和服务功能,进而梳理众创空间各相关主体的关系和运营机制。本文通过对深圳42家众创空间的官网浏览以及其他互联网资料的查找,统计其运营方关注的领域和提供的服务类型。数据显示,已有的众创空间的领域集中在高科技行业(如智能硬件、机器人、3D打印技术、基因技术、生物工程等);科技、媒体和通信行业(Technology,Media,Telecom/TMT,如移动互联网、软件工程、游戏、网络新媒体等)和咨询行业(如教育培训等)。其中,高科技行业占据50%的高比例,TMT次之,咨询行业最少。需要指出的是,一个众创空间所关注的领域多是复合的。

大多数众创空间实行会员制进行收费与其他类型管理。因此,其服务对象是不同类型的会员,主要分为个人会员和团队会员两类。二者享受相同的服务,其差异在于,个人会员多是出于对某一类创新事物的兴趣,以个人的形式参与众创空间的活动,并不一定有固定的工作卡位,是灵活自由的参与个体,例如柴火空间与techspace中的会员。这些众创空间一般物业面积并不大,多为开敞的空间,其中安置多个工作台,方便会员头脑风暴与一起动手制作。

团队会员大部分都是已经成型的初创企业,他们以团队入驻的形式拥有固定的集体办公卡位,类似于公司,他们在众创空间的主要任务是完成团队的工作,有着长期、稳定、规律的活动。对于入驻的创客团队而言,其当下处于企业发展的最初状态,他们所拥有的可能仅仅是一个想法,而想要使项目成型被孵化,直到后面成立公司,完成创业,这个过程所需要的人力资源、装置设备、天使投资、技术培训、创业培训等知识、技能和资源等对他们来说是至关重要的。而众创空间对于他们而言,其优势就在于能够补充他们在项目孵化、企业管理、有效的外部资源链接方面的短板。

众创空间为创客团队提供的服务也可归为以下几类:第一类是提供联合办公的物质空间。众创空间作为载体提供工作空间给创客团队,这些空间的类型有完全开敞型的大空间,也有标准化了的小型封闭办公室,氛围开放,较多的公共空间提升人与人之间的面对面交流,促进信息流通与人际交往;第二类是提供一般性工作设备或者根据创客团队所从事的行业差别,提供高端型硬件设备,如3D打印机等;第三类是提供投融资以及其他创业服务,包括创业培训、投融资对接、商业模式构建、团队融合、政策申请、工商注册、法律与财务咨询等功能。基本上多数众创空间都具备这三项功能,并以其功能的多样性和有效性来吸引创客团队的入驻。总的来说,众创空间不但是创业者的工作空间、网络空间、社交空间和资源共享空间,还是一个能够为他们提供创业培训、投融资对接、团队融合、政策申请、工商注册、法律财务、媒体资讯等全方位创业服务的生态体系。

上述众创空间的关注领域、服务对象和服务功能与众创空间的运营模式有很大的相关性。其关注领域会影响服务对象对它的选择,服务对象的类型又会影响其提供服务功能的类型,而功能类型则影响其运营模式,运营模式也同样反过来影响着服务功能以及关注领域的调整。本文通过梳理资料与实地调研访谈,绘制出众创空间的主要运营模式(图4-1),其中,众创空间在运作过程中的行为主体可分为投资主体、运营主体、使用主体和生产性服务机构四类。它们之间的关系构成众创空间的主要运营模式。

(1)投资主体是众创空间目前资金的主要来源,一般是由单个企业直接投资或多个企业联合投资于众创空间的持有人,也有部分是由政府机构投资,这些机构主要是政府某个部门和大学或研究院合作进行物业支持或资金支持。资金的主要去向是用于对入驻企业提供服务，或者对有些投资人认为有潜力的项目进行投资。

（2）众创空间运营方负责众创空间日常运行事务，是执行机构。他们承担的主要职责有两项：一是物质空间和设备的营运。向入驻企业提供日常工作使用的设备、工作环境等，大部分众创空间对于入驻团队以会员费的形式按照租位时间的长短收取工位租金，承办活动佣金；二是服务功能。为入驻企业提供投融资以及其他创业服务，主要包括投融资及对接、媒体资源等社会资源、创新创业培训、团队融合、工商注册等社会性质的服务。

（3）使用主体主要是入驻于众创空间的个体、团队或已成型的初创企业。创客团队的入驻首先要进行项目申请，众创空间运营方评估其项目价值，判断发展前景之后，签订入驻协议，同时，入驻的时间是有期限的，这个期限与创客团队的发展是紧密相关的。一般来说，创客团队创业的周期为半年到一年，在一年的时间内，如果创客团队能够获得天使投资，企业发展走向正规，大部分创客团队就会搬出去，开始组建自己的公司，稳定地进行运营。如果在一年的时间内，创客团队的创业不顺利，这个团队或将解散或去其他众创空间看能否获得投资，从而搬出当前的众创空间。在入驻的这段时间内，入驻团队或企业将享受到众创空间提供的工作空间与其他多种类型的服务，而入驻团队成员之间也会因为朝夕相处而相互产生了解，对于一些行业动态、技术问题等相互咨询，不同企业的成员之间进而产生工作之外的情感联系，也可能会促成两家企业的技术或商业合作。总结起来，企业与企业之间有可能会产生咨询联系、情感联系等内部非正式联系网络和技术、商业合作的内部正式合作网络。

（4）生产性服务机构主要是为入驻企业提供众创空间功能之外的服务，生产性服务类型包括：专业服务，如法律、会计；信息和中介服务，金融保险服务，展贸服务等。高校和制造业零售也是入驻企业比较常联系的机构，所以纳入生产性服务机构的范围。在这种情况下，与上文的众创空间内部网络相比，入驻企业与生产性服务机构的联系即为外部网络。

综上所述，众创空间的基本运营模式与网络构建机制为：由投资方为众创空间的运营提供资金和物业支持，这些资金和物业由众创空间运营方进行分配与利用形成众创空间为入驻团队提供的特色服务，以此来吸引创客团队的入驻。创客团队通过运营方的项目评估之后入驻众创空间，与一同入驻的企业之间产生咨询、情感等内部非正式联系和合作等内部正式联系，这些联系共同构建了内部联系网络。与此同时，生产性服务机构补足了众创空间为创客团队提供不了的生产性服务，从而形成入驻团队的对外业务联系，进而构建了外部联系网络。这两层网络共同促进了众创空间及其成员的发展。

2. 基于众创空间非正式联系网络构建的规划应对

上述分析表明，政策在一定程度上引导着创客空间的宏观发展，而创新网络的构建则是决定众创空间能否健康发展的重要基础，包括对外联系网络和内部联系网络。前者以众创

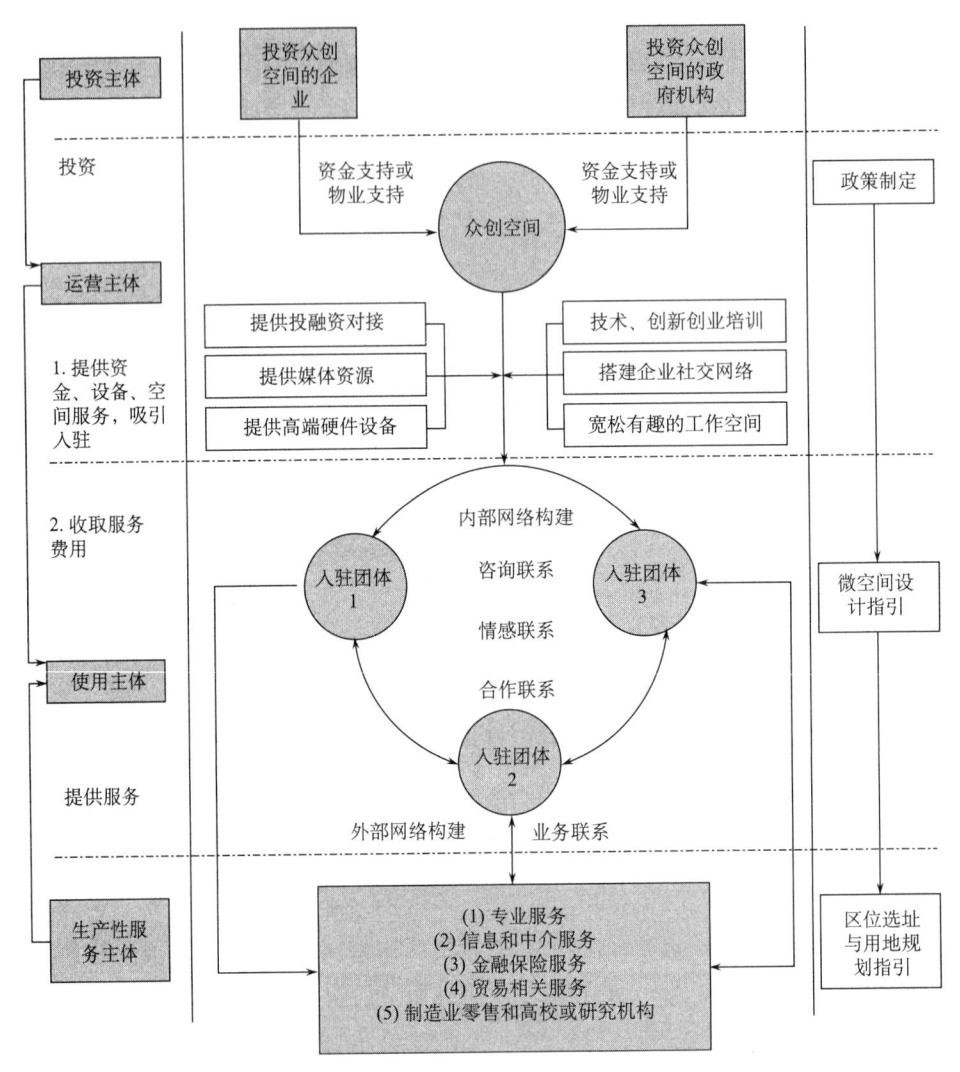

图 4-1 众创空间运营模式与网络构建及规划政策应对

空间中的团队与其所处区位周边生产性服务业之间的正式业务联系为主,一定程度上决定了众创空间的宏观区位选址并对土地利用规划提出要求。即根据其关注领域、服务对象和服务功能,选择方便与上述要素产生联系的空间区位,如依托高新技术产业、现有商务中心、高校和博览机构等,推动土地利用更新。后者以众创空间内部团队和个体的情感联系、咨询联系和合作联系等正式与非正式联系为主,一定程度上决定了众创空间内部空间的组织和使用。因此,需要从政策制定、区位选址和微空间设计指引三个方面引导众创空间的良性发展:

(1)理性制定政策,避免跟风热潮导致众创空间的低门槛蔓延众创空间创新网络的构建需要一定的外在条件，包括创新文化、创客群体以及具有一定成本竞争力的物质空间载体等。因此，各地需要因地制宜，从实际出发，找准定位，出台合理的激励和引导政策，避免盲目跟风，导致众创空间的低门槛蔓延和无序发展。作者通过对深圳市众创空间的调研，发现在2015年李克强总理考察过柴火空间之后，众创空间的数量增长迅速，这种增长是基于社会力量的推动，包括政府机构、大型企业和创业企业，尤其是政府机构的大力支持，但它在一定程度上是不理智的，需要有更多深入而理性的认识，不能简单将之前各种孵化器等升级改造就变成众创空间，或者过分模仿国外创客空间的空间形式而非其内涵。政府也需要对众创空间项目在资金支持方面予以更严格的审核，不能又变成挂着众创空间名目的房地产项目。

(2) 根据众创空间的类型和对外联系网络构建特征，合理制定选址和用地规划指引

通过本文的初步研究，众创空间有着比较明显的类型差别，包括在关注领域、服务对象和服务功能等方面存在差异，因此，存在不同的区位需求、运营模式以及企业对外联系业务需求等方面。因此，在规划选址和用地方面需要考虑以下方面：

制定不同类型众创空间的规划选址指引，从城市宏观层面进行空间上的引导；适度推进土地混合使用的编制指引。由于众创空间的生产模式往往集设计研发、原型制作、商业运营和成品小批量生产多个环节于一体，既非纯粹的商业商务活动，也非传统的工业活动，因此，一定程度上需要对传统产业用地类型进行相应地调整，适应新的具有一定混合特性的用地类型需求；改造和升级已有创新产业空间。有效利用国家自主创新示范区、国家高新区、大学科技园和高校、科研院所的有利条件，利用政策工具，鼓励在这些区域构建仪器设备和软环境资源共享的机制，建设注入众创空间元素的升级版创新产业集群区域，构建低成本、便利化、全要素、开放式的服务模式，优化和完善现有创业服务机构的服务业态和运营机制，形成"互帮互助""用户互动""金融支持""社会参与"的开放式创业生态系统。与国外的创客空间不同，这些众创空间大多是在政府和企业的推动或引导下形成的，其后期的运营和发展也会很大程度上受到政府政策的影响。因此政府在引入众创空间时，要考虑这些空间与当地产业的匹配性，让众创空间具备更好的发展基础；利用众创空间的市场需求，推动旧城更新规划和建设。通过众创空间对人才的吸引力和创新活动对产业的促进作用，推动旧城用地的再开发利用，使之成为旧城改造复兴的新动力，因此，可以制定相应的规划，引导有序更新；构建特色化的城市空间。政府可在宏观规划布局的基础上对众创空间的运营进行特色化引导，突出特点，有助于对创客团队进行更有效的帮助与支持。同时，也能使众创空间避免出现定位及目标过于空泛而导致低效率集聚现象的出现。

(3) 根据众创空间的内部联系网络构建特征，合理制定微空间设计指引

前文分析表明，情感网络和咨询网络等非正式创新联系网络对众创空间的发展产生重

要作用,而这些网络的构建需要相应的空间载体。包括办公空间、交流空间、共享的公共空间甚至虚拟的社区空间等,并促成线上线下的各类创新活动的产生。因此,有必要结合内部创新网络构建的需求,在深入调查的基础上,制定适用于众创空间内部联系网络构建的微空间规划和设计指引。

本文在综述众创空间这一新的空间模式的发展背景、现状和特征的基础上,分析影响众创空间发展的非正式创新网络特征及其构建的机制,将创新网络划分为咨询网络、情感网络和业务网络等众创空间内部网络和与周边产业业务联系的外部联系网络,并分别基于这两层网络的构建,制定众创空间相关政策制定、区位选址和用地规划指引,以及微空间设计指引,以期为众创空间有序规划和建设提供借鉴,后续将进一步开展多案例的实证研究和总结。

(备注:本文主要内容源于:周素红、裴亚新:"众创空间的非正式创新联系网络构建及规划应对",《规划师》,2016年,第6期,第11~17页)。

参 考 文 献

[1] 谢莹、童昕、蔡一帆:"制造业创新与转型:深圳创客空间调查",《科技进步与对策》,2015年,第2期,第59~65页。

[2] Freeman, C. 1991. Network of Innovators: A Synthesis of Research Issues. *Research Policy*, vol. 20, No. 91, pp. 499~514.

[3] 刘兰剑、司春林:"创新网络17年研究文献述评",《研究与发展管理》,2009年,第4期,第68~77页。

[4] 张古鹏:"小世界创新网络动态演化及其效应研究",《管理科学学报》,2015年,第6期,第15~29页。

[5] 林秋月、王文平、王娇俐:"产业集群创新网络结构特征的仿真分析——基于March利用式-探索式创新分析框架",《管理学报》,2010年,第7期,第1015~1020页。

[6] 曹鹏、陈迪、李健:"网络能力视角下企业创新网络机理与绩效研究——基于长三角制造业企业实证分析",科学学研究,2009年,第11期,第1742~1748页。

[7] 池仁勇:"区域中小企业创新网络的结点联结及其效率评价研究",《管理世界》,2007年,第1期,第105~112页。

[8] 韩玉刚、焦华富、李俊峰:"中国省际边缘区产业集群的网络特征和形成机理——以安徽省宁国市耐磨铸件产业集群为例",《地理研究》,2011年,第5期,第814~826页。

[9] 王琳、曾刚:"浦东新区中小高新技术企业创新合作网络构成特征研究",《地域研究与开发》,2006年,第2期,第35~38页。

[10] 盖文启、王缉慈:"论区域的技术创新型模式及其创新网络——以北京中关村地区为例",《北京大学学报》(哲学社会科学版),1999年,第5期,第29~36页。

[11] 李二玲、李小建:"欠发达农区传统制造业集群的网络演化分析——以河南省虞城县南庄村钢卷尺产业集群为例",《地理研究》,2009年,第3期,第738~750页。

[12] 马海涛、方创琳:"基于企业微观视角的城市区域生产网络空间组织研究——以粤东城镇群服装生产为例",《地理科学》,2011年,第10期,第1172~1180页。

[13] 姜鑫:"基于社会网络分析的组织非正式网络内隐性知识共享及其实证研究",《情报理论与实践》,

2012年,第2期,第68~71页。
- [14] 韩新严:"非正式创新网络在中小企业创新中的应用"(浙江工业大学硕士学位论文),2004年。
- [15] Breschi, S. ,Malerba, F. 2001. The Geography of Innovation and Economic Clustering: Some Introductory Notes. *Industrial & Corporate Change*, vol. 10, No. 4, pp. 817~833.
- [16] Vol. N. 2004. Clusters and knowledge: local buzz, global pipelines and the process of knowledge creation. *Druid Working Papers*, vol. 28, No. 1, pp. 31~56.
- [17] 刘炜、李郇:"区域技术创新的非正式制度和联系:经济地理学的视角",《人文地理》,2012年,第2期,第107~112页。
- [18] 刘炜、李郇、欧俏珊:"产业集群的非正式联系及其对技术创新的影响——以顺德家电产业集群为例",《地理研究》,2013年,第3期,第518~530页。
- [19] 文嫮、李小建:"非正式因素影响下的中小企业网络学习与区域发展——河南省偃师市翟镇针织业的研究",《人文地理》,2003年,第3期,第73~76页。
- [20] 马双、曾刚、吕国庆:"集群非正式联系的形成及其对技术创新的影响——以东营市石油装备制造业为例",《经济地理》,2014年,第10期,第104~110页。
- [21] Krackhardt D. ,Hanson, J. R. 1993. Informal Networks: The Company Behind the Chart. *Harvard Business Review*, vol. 71, No. 4, pp. 104~111.
- [22] 李正卫、池仁勇、刘慧:"集群网络学习与企业创新绩效:基于嵊州领带生产企业集群的实证分析",《经济地理》,2005年,第5期,第612~615页。
- [23] 冯梓洋、葛宝山、陈彪:"正式网络与新企业绩效:基于非正式网络调节效应的实证分析",《吉林大学社会科学学报》,2014年,第3期,第58~66页。

众创空间的发展及规划启示：深圳市案例

裴亚新　周素红

（中山大学地理科学与规划学院）

2015年1月4日，李克强总理考察了位于深圳市福田区的柴火创客空间。在这之前，中国创客空间是一种小众的创新创业活动，群众基础与知名度都处在较低的程度。而总理的这一举动引起了全国人民对创客空间这一"新事物"的关注。《国务院办公厅关于发展众创空间推进大众创新创业的指导意见》（国办发〔2015〕9号）和《国务院关于大力推进大众创业万众创新若干政策措施的意见》（国发〔2015〕32号）等政策的出台，表明了国家对创客空间的发展力度。

1. 深圳市创客空间发展的宏观环境

在全国创客空间发展的浪潮下，深圳市作为创新创意萌发与成长的领军城市，抓住创客空间发展的契机，政府在政策引导、财政支持、活动推广等方面对创客空间的发展予以大力支持，以期助力于创客空间发展的区域环境。

（1）政策引导

深圳市在政策引导方面主要在2015年6月出台了两个政策文件对创客空间发展予以引导：《深圳市关于促进创客发展的若干措施（试行）》（以下简称《措施》），《深圳市促进创客发展三年行动计划（2015～2017年）》（以下简称《计划》）。

《措施》中比较笼统地指出深圳市促进创客发展的几个层面，从物质空间完善、人才队伍培育、公共服务强化、创客文化营造、融资通道拓宽、财政资金加强六个方面予以建议。《计划》中则具体落实了《措施》中的六项建议，拓展创客实践空间中，推动企业、中小学、高校、科研机构和其他社会组织积极创办或引进国际创客空间；搭建创客服务平台，强化创客公共服务，尤其鼓励开源软件硬件的研发和各类机构开放服务器资源，以此来推动开源许可机制的建立；打造深圳市创客活动品牌，通过举办深圳国际创客周、国际创客交流活动、深港青年创客营、福田"创客汇"、创客"微游汇"、中国创新创业大赛创客赛等活动营造创客文化氛围，打造深圳创客品牌；最后，《计划》对深圳市目前28家具体的创客空间进行重点行动计划部署。值得指出的是，以上所有计划安排，都明确指出了责任单位，确保计划的落实。

(2)财政支持

深圳市于2015年出台《深圳市创客专项资金管理暂行办法》(以下简称《办法》),此《办法》可以认为是对上述两个政策文件的财政深化方案。在此《办法》中,主要有三项内容:其一在于确定职责,分别确定了市级财政部门、市科技创新部门以及项目单位的履行职责;其二对创客资金资助对象提出基本要求;其三说明该资金重点资助的项目类型和资助金额;其四,对预算、支出计划、绩效管理、项目申报、审核、项目管理等具体程序作出明确说明。

在重点资助类型中,通过总结,主要有以下四类资助项目:

第一类,单项项目资金支持。创客个人或团队的项目,予以单项最高50万元资助;

第二类,设备资金支持。例如"对创客空间用于创客服务的公共软件、开发工具和公用设备等,予以不超过购置费用、最高300万元资助"等具体措施;

第三类,创客活动资金支持。例如"支持创客交流活动,按实际发生合理费用予以最高300万元事后资助;创客组织、创客服务行业组织等民间非营利组织提供公益性培训、咨询、研发和推介等服务项目,按实际发生合理费用予以最高100万元事后资助"等措施。

第四类,创客空间的建设资金支持。主要对以下三类创客空间的建设予以支持:对于新建创客空间或引进国际创客实验室予以最高500万资助;对于为入住团队减免租金的单个创客空间予以最高100万资助;对各类机构构建开放式的创新创业综合服务平台,予以最高300万元资助。深圳市分别于2015年9月、12月公布了创客专项资金创客空间拟资助项目名单。

除了深圳市一级的财政支持以外,区一级政府也提出了不同的优惠政策以期吸引创客团队的入驻。例如,入驻前海创新谷的优惠项目中企业都将按15%的税率征收企业所得税,境外高端和紧缺人才可享15%个人工资薪金所得税优惠,由深圳市政府以财政补贴形式归还;入驻孵化器的团队,第一年可享受免租金,第二年租金减半。宝安区为年轻创客们准备了31个创新园区,为创业者准备了创业资助、房租补贴,每年可返还一定比例的房租;2015年南山区首次启动众创空间资助计划,每个项目最高资助300万元,且第一批资助计划有77家通过初步审查。市一级和区一级政府的财政支持为创客团队和创客空间的建设极大地降低了其运营成本,成为吸引创客团队和创客空间产生的重要因素。

(3)创客文化培育推广

创客文化的推广是将小范围个体或团体创客文化与精神进行大范围宣传与积极倡导,所以全民参与式的创客活动成为文化推介的重要形式,在上文《计划》中也明确表示出打造"深圳国际创客周"(MAKER WEEK)品牌的目标,开展分享、体验、展示、竞赛等创客活动,营造创客文化氛围,吸引国内外创客、创客团队和创客机构汇聚深圳。但是大部分活动的影响力都远低于"制汇节"(Maker Faire),所以本节以深圳创客制汇节为例介绍深圳市创客文化氛围。

Maker Faire(制汇节)于2006年由美国《Make》杂志社创办,是现今最大的全球创客盛会。制汇节的足迹遍布全球,在旧金山、纽约、罗马、东京、伦敦等举行了不同规模的聚会。

深圳自2012年起启动制汇节,是目前中国范围内最大的创客聚会。由作者对2012~2015年四届制汇节展出作品及举办活动等不完全统计,显示出深圳制汇节演变的几个特点:其一,会展规模越来越大,参展方及产品越来越多,吸引的观展人数也呈迅猛增加态势,尤其是2015年,观展人流量达20万人;其二,相比过去12年国外展出产品居多的特点,近几年,类似于大疆无人机等国内创客团队、技术创新企业等参与数量增加;其三,展出产品以高新技术为主,主要包括机器人、3D打印成果、硬件产品等;其四,政府对于制汇节的筹办与参与力度增强,例如15年制汇节整个现场的安保、医疗、流动厕所等保障类事项均由区政府承担;其五,也是最重要的一点,即制汇节的活动形式越来越多样,从12年以展出产品为主要形式演变为路演、论坛、创新竞赛、公众参与DIY等多种形式,以体验式展示为主,提升了一般群众的参与度,极大地促进了创客文化的宣传。

综上所述,深圳市政府对于创客与创客空间的关注与支持的程度不断加深,在政策方面引导,在财政和创客文化培育方面的支持是吸引创客以及创客空间落户深圳的重要因素,而在这些方面的有利条件又促进了深圳市创客人才的培育与创客空间的发展,由此形成一个良性的循环。

2. 深圳市创客空间的特征

(1)时空间分布特征

通过前文的数据收集,本节利用ArcGIS软件对深圳市52家创客空间位置进行分析。需要指出的是企业名录中共有71家创客空间,但是有19家企业没有官网,也找不到其成立时间与企业地址,所以无法纳入空间分析。

图4-2统计了以上52家创客空间的成立年份,在此图中可以看出,创客空间的数量在2009~2014年呈平缓增长趋势,于2015年突然呈多倍增加,这种现象的产生与创客空间这一概念的传播以及政府的支持是分不开的。

将52家创客团队按照其所在行政区域进行统计,得出图4-3,其中南山区的创客空间最多,共有25家,占比49.02%;龙岗区次之,共有12家,占比23.53%;福田区位于第三位,光明新区、罗湖区和盐田区最少。南山区在人才方面有着其他行政区不可比拟的优势,南山拥有国家"千人计划"人才86人,占全市的83%,广东省创新科研团队22个,占全市的75%。成熟的公共服务也是南山区的一大特点,在城市环境、创业氛围、扶持政策方面都成为南山区与其他区域竞争的有利因素。而龙岗区除了政府的大力扶持之外,其远离中心城区而带

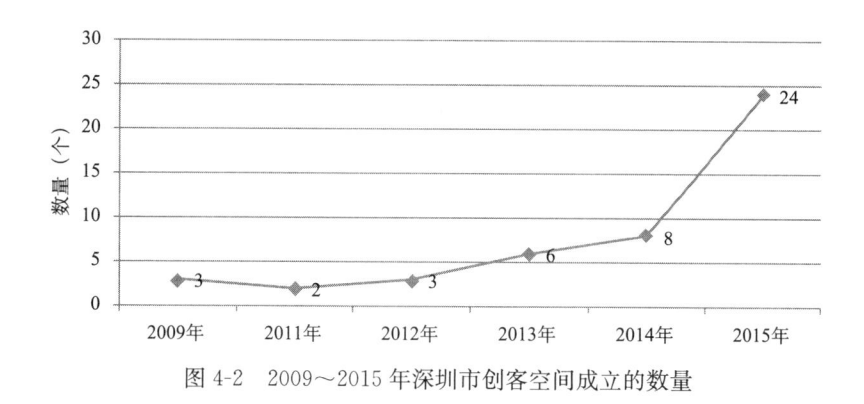

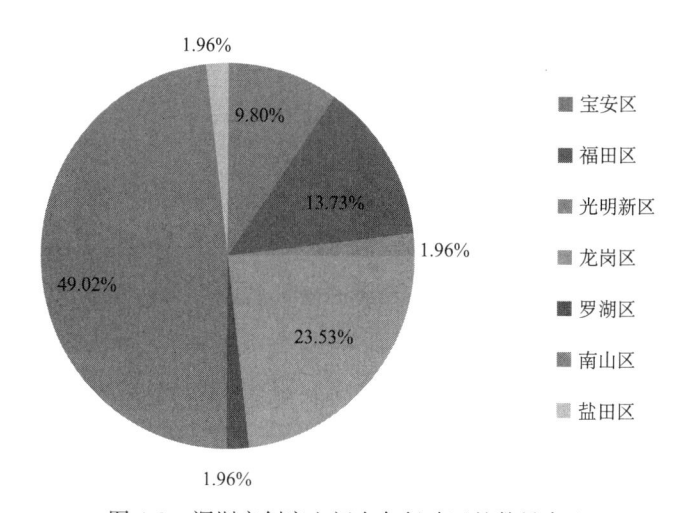

图 4-2　2009～2015 年深圳市创客空间成立的数量

图 4-3　深圳市创客空间在各行政区的数量占比

来低廉的租金成本也成为其重要的优势。

通过对创客空间在深圳市各行政区的分布数量分析，如图 4-4 所示，对比不同时间段内 7 个行政区内的创客空间数量，明显看出，得益于本身良好的创新环境以及政策大力扶持，南山区创客空间集聚数量最多，同时南山区创客空间开始萌发的时间较早，每年创客空间的增长也是较多。南山区科技园企业主要从事电子信息、光机电一体化、生物医药、新材料新能源四大领域，依托于高新产业的创客空间的类型也较为多样。从创客空间的总量规模、产业多样性等方面考虑，本文首先将调研区域确定在南山区。

通过 ArcGIS 中核密度分析，可视化深圳市创客空间的空间聚集程度，并分析不同行政区内创客空间数量的差别。南山区创客空间形成了四个集聚核心，分别位于南山区北部、中部以及南部三个片区。北部主要集中于南山大学城北部片区，以南山智园为核心，有着旧厂房空间和高校智力资源做支撑；中部则集中在科技园，科技园企业主要从事于电子信息、光

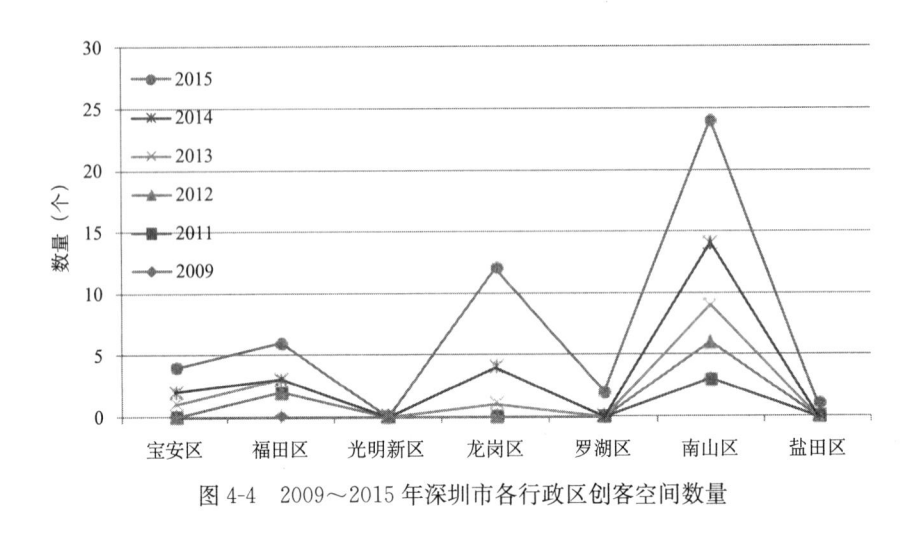

图 4-4　2009～2015 年深圳市各行政区创客空间数量

机电一体化、生物医药、新材料新能源四大领域,依托于高新科技产业,有较为成熟的科技金融以及多样的孵化器;南部则集中于深圳湾和蛇口片区,深圳湾具有较好的科技创新能力,前海蛇口自贸区则具有较强的金融功能,由此形成南山创客空间集聚的核心。福田区得益于华强北强大的硬件支持优势,在设备以及开源硬件设施上为创客提供发展的良好契机,同时,优质成熟的生产性服务业也为创客空间的发展解决"后顾之忧"。龙岗区依托于工业产业和高校教育资源,在政策扶持下,多成立以研发制造、智能制造为主的创客空间聚集区。罗湖区则紧紧围绕互联网、IT 产业,共建"国际创客空间",支持深港两地青年基于 IT 领域的就业、创业,以及开展科技创新活动。光明新区有大量制造类企业,深圳市机械行业协会也落户新区,有其主办的机械行业协会职能众创空间也于 2015 年成立。

综上所述,深圳市各行政区均结合自身优势,将创客空间与产业集聚区的发展相结合。

(2)关注领域及服务对象特征

通过对以下 52 家创客空间的官网浏览以及其他互联网资料的查找,除去无资料显示的 10 家之外,统计剩余 42 家创客空间运营方的关注领域和其提供的服务类型。数据显示,关注领域集中在以下三类:①高科技行业,如智能硬件、机器人、3D 打印技术、基因技术、生物工程等;②TMT 行业,如移动互联网、软件工程、游戏、网络新媒体等;③咨询行业,如教育培训等。其中,高科技行业占据 50% 的高比例,TMT 次之,咨询行业最少。需要指出的是,一个创客空间所关注的领域多是复合的,即关注部分高科技行业,同时也关注于部分 TMT 与咨询行业。创客空间关注的领域主要说明这些运营方在这些方面可能会有较多社会资源,这样就会吸引同类型的创客以及创客团队的加入。

大多数创客空间实行会员制进行收费与其他类型管理。所以创客空间的服务对象就是不同类型的会员,主要分为个人会员和团队会员两种类型。个人会员与团队会员享受的服务是相同的,但两者之间的差异在于,个人会员多是出于对某一类创新事物的兴趣,以个人的形式参与创客空间的活动,并不一定有固定的工作卡位,是创客空间中非常灵活自由的参与个体。例如柴火创客空间与techspace两家创客空间,服务对象以个体为主,个体会员按照自己的时间安排创客空间进行DIY等创新活动,出于兴趣灵活地参加创客空间组织的各种活动。而这些创客空间一般物业面积并不大,多为开敞的空间,其中安置多个工作台,方便他们头脑风暴与一起动手制作。这两个创客空间中入驻的团队会员较少,例如柴火空间只有三个团队长期在空间内办公。

团队会员大部分都是已经成型了的初创企业,他们以团队入驻的形式拥有固定的集体办公卡位,类似于公司一样,他们在创客空间的主要任务是完成团队的工作,他们在创客空间中有着长期的、稳定的、规律的活动。以团队为主要服务对象的创客空间比较多,基于后文的实地调研将做出具体的说明,这里就不再赘述。基于此,有些创客空间是以个体会员为主要服务对象,有些是以团队会员为主要服务对象,有些则是兼具了两者。本文主要是对创客空间内入驻团队之间的社会网络进行调研与分析,所以下文中对个体会员以及以个体会员为主要服务对象的创客空间不再做说明解释。

对于入驻创客空间的创客团队来讲,他们当下的企业形态是企业发展的最初状态,他们所拥有的可能仅仅是一个想法,而想要使项目成型被孵化,到后面成立公司,完成创业,这个过程中所需要的人力资源、装置设备、天使投资、技术培训、创业培训等知识、技能和资源等对他们来说是至关重要的。而创客空间的存在对于他们而言的优势就在于能够补充他们在项目孵化、企业管理、有效的外部资源链接方面的短板。

通过资料分析,对于创客空间为创客团队提供的服务也可归为以下几类:第一是提供联合办公的物质空间,创客空间作为载体提供工作空间给创客团队,根据创客空间中空间功能的划分,这些空间的类型有完全开敞型的大空间,也有标准化的小型封闭办公室,在这些空间中,氛围开放,较多的公共空间提升人与人之间的面对面交流,促进信息流通与人际交往;第二是提供一般性工作设备或者根据创客团队所从事的行业的差别,也会提供高端型硬件设备,如3D打印机等,供创客团队使用;第三类是提供投融资以及其他创业服务,包括创业培训、投融资对接、商业模式构建、团队融合、政策申请、工商注册、法律财务等功能。多数创客空间基本都具备这三项功能,并以其功能的多样性和有效性来吸引创客团队的入驻。总的来说,创客空间不但是创业者的工作空间、网络空间、社交空间和资源共享空间,还是一个能够为他们提供创业培训、投融资对接、团队融合、政策申请、工商注册、法律财务、媒体资讯等全方位创业服务的生态体系。

3. 深圳市创客空间发展的影响因素

深圳市创客空间发展受到政策因素与区域宏观产业布局等宏观因素以及创客空间运营模式和自身发展的影响，前者对于创客空间的选址产生着极其重要的影响，后者对中微观的规划设计等有一定的影响。

(1) 政府政策的引导及支持影响

近些年来，深圳市已然成为中国的创新之都，深圳市政府对于创新的大力扶持，使得深圳市成为中国创新创业环境最好的城市。深圳市政府一直从政策引导、财政支持以及创新文化推广各个方面提高深圳的创新创业环境，为创新企业的落户尽可能地扫除后顾之忧，而腾讯、华为以及大疆无人机等互联网、智能硬件公司的成立与发展，也是政府对深圳市创新环境竭力打造的证明。从2015年来，深圳市政府以大手笔为创客空间的引进与发展提供政策、财政支持，从物质层面为创客空间以及创客团队提供良好的发展契机。

(2) 区域宏观产业布局影响

在上述政策支持下，南山区更是成为创新创业的排头兵，在政府的产业布置中，南山区重点发展IT、通信、新材料、新能源、生物医药、研发服务业、先进装备制造业等高新技术产业、港口物流及旅游等多种产业，在高新技术方面的发展势头良好。在这样的产业布局下，南山区成立多个科技园区，如高新科技产业园（科技园）、软件产业基地、蛇口工业区、大学城产业园区、麻雀岭工业园、前海自贸区等。同时，南山区也聚集着多个知名大学的研究生院、深圳大学、南方科技大学、中科院等科研机构，在技术研发以及人才培育方面为南山区创新能力注入强大活力。基于南山区的产业布局以及形成的产业园区，根据上文对南山区创客空间分布的特点总结来看，创客空间表现出了融合园区内的产业特点、利用园区外便利的生产性服务机构的明显选址倾向，使得大多数创客空间在这些园区中生根发芽，例如依托大学城产业园区而选址于南山智园的中科创客学院、依托高新科技产业园而选址于科技文化广场的比特咖啡创客空间。

(3) 创客空间运营模式影响

深圳市众多的创客空间都表现出各自的特色，这些特色表现在创客空间的内部空间排布、创客空间定位的不同、关注领域的不同、提供服务类型的不同、入驻企业类型的不同等很多方面，但这些归根结底是在运营模式上的差别，其内部逻辑在于，创客空间的自身定位以及关注领域决定了创客空间能为入驻团队提供的服务类型，而服务类型的不同又会吸引需要这些服务类型的创客团队的入驻，入驻团队与生产性服务机构的联系在一定程度上将弥补创客空间所提供的服务的不足，而创客团队与入驻团队之间的关系，入驻团队与生产性服务机构的联系又形成了创客空间的运营模式。所以我们认为，在中观层面上，投资推广型创客空间与联合办公型创客空间内入驻企业与对外的生产性服务机构的联系以及企业之间的正式与非正式联系产生差别的核心原因在于创客空间运营模式的差别。

对于投资推广型创客空间而言,其功能定位为在提供工作空间的基础上,主要为入驻团队提供直接投资或融资对接服务和企业推广宣传等服务,从而吸引急需这类型服务的创客团队入驻。但由于能提供其投资与投融资对接的领域有限,所以会对创客团队进行比较严格的筛选,入驻的企业集中在一些特定的领域,如IT行业、移动互联网领域等,然后通过对相关项目进行评估,由创客空间持有的创客基金直接投资或与为入驻团队推介外部的风险投资。所以入驻于投资推广型创客空间内的企业其与外部的生产性服务机构中的风险投资联系是仅次于企业与银行联系的关系密切的机构。而入驻于投资推广型创客空间的企业基本都具有相同的目的,在一定程度上是有竞争关系,所有这些企业与创客空间内的其他企业产生的咨询联系、情感联系、合作联系就非常少。而在这三个网络中,咨询网络密度值较高的原因就在于企业之间会有比较多的对投资方面信息的相互咨询,同时企业所处的行业相近,在技术或市场信息方面也会产生咨询行为。

对于联合办公型创客空间而言,为入驻企业提供低成本的、开放自由的工作空间与工作氛围是其主要特点,而其能提供的有关于投资、技术培训、媒体资源等方面的社会资源相对较少。因对于入驻企业的行业要求标准较低,所以会有从事不同行业的企业入驻,创客空间内形成一个跨领域的创新创业社区。而企业之间的目的各有不同,企业之间没有太多的竞争压力,所以会形成比较好的工作氛围,企业员工能够跨越合作企业成员的文化和心理障碍形成非正式的联系,有利于更好地开展合作。这样一来,在创客空间内企业成员之间就会比较容易增进相互认识,进而产生情感、咨询和基于信任的合作关系。这三个网络中,由于工作氛围比较宽松,所以更容易产生情感联系,但是对于联合办公型创客空间内的企业,由于其从事的行业差异性较大,所以,技术咨询、市场信息咨询等行为产生可能性就会小。

综上所述,虽然创客空间的运营模式具有一个基本相似的框架,但是很多细节存在很大变化的可能,由此而产生不同类型的对外网络与对内网络创客空间。

(4)入驻企业需求影响

入驻企业的需求是其入驻不同类型创客空间的根本原因,而这也是创客空间类型进行分化的核心动力。

对于入驻投资推广型创客空间的企业而言,这些企业处在企业成长的最开始阶段,还需要大量的社会资源的支持,而获得这些社会资源的一个途径就是扩展企业人脉资源,有更多的人了解到企业的价值之后才会对其产生兴趣,进而对企业进行投资,使企业的想法能更多地变为现实。所以在企业的初期,资金支持是最为迫切而重要的社会资源。创客空间由于其自身的组建就背靠着大公司或者多个公司联合而形成,势必具有较多的资金方面的资源,所以入驻投资创客型企业对于企业成长是有着一定的加速作用。

而入驻联合办公型创客空间的企业,其自身的发展较为成熟,已经形成了企业所需要的一定的外部社会资源,所以这些企业对于资金、设备以及培训等服务并没有特别急切的需求,也没有很高的要求。大部分企业最初的创新想法已经落地,企业发展已逐渐走向正规化,所以相比于资金、设备等社会资源需求,企业对于低成本的工作空间、开放自由的工作氛围有了比较高的要求,这就需要创客空间在这方面提供更好的服务。而在这样的需求引导下,创客空间的工作氛围越来越适宜于人与人之间的交往,从而在联合办公型创客空间内更加容易形成多样的正式与非正式联系网络。

(备注:本文主要内容源于:裴亚新:"基于社会网络分析的创客空间入驻团队的联系网络特征及其影响",2016中山大学硕士毕业论文。导师:周素红)

创客空间入驻团队的联系网络特征及其影响

裴亚新　周素红

（中山大学地理科学与规划学院）

为揭示研究创客空间入驻团队的联系网络特征，在南山区四个创客空间集聚区域中分别选择典型创客空间进行调研。本次调查所选择服务对象是以创客团队为主的创客空间，同时需要入驻团队的数量较多。在四个重点区域内都选定有代表性的创客空间——比特咖啡创客空间、微漾创客空间、前海厚德创新谷、中科创客学院四家（表4-2）。

1. 研究设计

(1) 数据来源

对创客空间运营模式的分析认为，创客空间的运营主要是由投资主体、运营主体、使用主体和生产性服务机构之间的关联性构成。投资主体是创客空间目前运作的主要来源；创客空间作为运营主体，负责物质空间管理与提供入驻企业孵化和其他创业服务；使用主体是各类入驻团队，通过运营方线上线下活动，使团队之间产生在创客空间内的社会联系；生产性服务机构主要是为入驻企业提供创客空间功能之外的服务，补足创客空间的服务功能，团队与生产性服务机构产生创客空间之外的联系。四者之间形成隐性或显性的社会联系，本次研究将围绕以上社会关系展开调研。

本研究的调研数据来源于对典型创客空间的走访调研，对入驻创客空间的团队按照企业人数的30%抽样做调查问卷，本次调研主要发放132份调查问卷，收回有效问卷101份，有效率为77%。问卷调查分为三个部分：第一，入驻团队及成员的社会属性信息；第二，入驻团队与创客空间之间的关系；第三，入驻团队之间的内部联系和与外部生产性服务机构形成的外部联系。

通过成员对企业与运营方提供的三大类服务（融资推广、设备及技能培训、联合办公）的联系紧密程度识别入驻团队与创客空间之间的关系。本次调研参考李二玲与李小建[1]对于河南省南庄村钢卷尺产业集群研究，对典型创客空间内入驻企业进行问卷调查，对咨询联系、情感联系和合作联系三种类型的网络分别设定6个问题来表征其入驻企业之间的社会联系，询问企业成员"向其他企业成员一个月内私下技术问询的次数"和"向其他企业成员一个月内市场信息交流次数"来表征咨询联系。用"您拥有的创客空间内其他企业的朋友个数"和"与其他企业成员一个月内的聚餐次数"两个问题表征情感联系。最后用"贵企业与创客空间内的企业是否有过技术合作"和"贵企业与创客空间内的企业是否有过商业合作"两个问题表征合作联系。

表 4-2　比特咖啡创客空间、微漾创客空间、前海厚德创新谷和中科创客学院的基本情况

创客空间名称	成立年份	地点	场地面积	成立资本来源	场地空间特征	关注领域	服务类型	主要活动
比特咖啡	2015年9月	科技园文化广场	350m²	多家企业投资	全开敞式办公空间,咖啡馆中提供会议沙龙场所	智能硬件、移动互联网、O2O平台、软件	物质空间、股权投资或投融资对接、创业辅导	组织创业路演,投资下午茶,专业技术交流
微漾	2015年6月	深圳湾创业广场	6000m²	多家企业资本投资	每个团队有独立办公室,用玻璃材质做隔断,属于半开敞式办公空间,中庭面积很大,设置较多的桌椅,方便交流,并有健身房等公共空间	移动互联网、新媒体、O2O平台	物质空间、增值服务、股权投资或投融资对接、创业社区	与创业导师一对一见面会
前海厚德	2014年12月	前海深港青年梦工场	400m²	深圳市政府	开敞式与半开敞式办公空间均有,有多处小型公共空间放置桌椅	移动互联网、移动新媒体、智能硬件等领域	物质空间、股权投资或投融资对接、创业辅导	导师见面会
中科创客学院	2014年11月	南山智园	1000m²	南山区政府、中科院深圳先进技术研究院	开敞式与半开敞式办公空间均有,有多处小型公共空间放置桌椅	智能硬件、云计算平台、生物科学等领域	物质空间、融资服务、设备支持	创客交流会、创客沙龙

通过创客团队与生产性服务机构(非客户关系)之间的商务活动联系情况识别对外网络,本文选取的生产性服务机构主要有4类8项,分别是专业服务:法律、会计等;信息和中介服务:广告与市场研究、信息技术服务;金融保险服务:银行、保险、风险投资等;贸易相关服务:会展,再加上制造业零售和高校或研究机构,共计10项。

(2)研究方法

社会网络分析法是本研究最主要的分析方法,通过 ucinet 软件测算出中心性指标和网络密度指标来分析创客空间内部入驻团队之间的社会网络结构及特征。

中心性是网络分析的常用指标,包括度数中心性(degree centrality)、中介中心性(betweenness centrality)和接近中心性(closeness centrality)。某节点的度数中心性是指与该节点相连的其他节点的数量,相连节点越多,程度中心性越大,具有的社会资本越大,从其他节点获取信息和资源的能力越强,网络重要性和影响力越大[2]。在比较不同节点数量的网络时,为了消除节点总数影响,采用标准化度数中心性,即用该节点度数中心性除以节点所能连接的最多节点数量。此外还有度数中心势指标来表征群体度数中心性,用来衡量整个网络的集权程度,整体网络的度数中心势越大,网络中的联系越集聚于少数节点,网络集权现象越明显。密度是反映网络中节点联系紧密程度,用来衡量群体间咨询、情感、合作等行为的紧密程度。密度越大,群体内成员联系更加紧密,交互行为越密集。

2. 创客空间内外部创新网络联系分析

2.1 创客空间的分类

从访谈情况来看,每一家创客空间功能类型是复合的,基本都具备物业功能、投融资功能、培训功能等,无法直接定性判断分类。通过问卷设计调查入驻团队使用创客空间功能的实际情况,并按照强度进行打分,以此得出真实的指标反映创客空间在功能方面突出的特点作为其功能分类依据。

通过调查将创客空间的功能分为三类六项,每类有两个表征点。类型分为投资推广功能、设备及技能培训功能、联合办公功能。将六项指标的得分进行分类加和得到表4-3。四个创客空间在设备及技能培训功能接近或低于平均水平5分,其功能特点不突出,所以按照另外两个功能的得分情况将四个创客空间分为两类:

(1)比特咖啡和中科创客学院为投资推广类创客空间;

(2)前海厚德创新谷与微漾创客空间为联合办公类创客空间。

表 4-3 四个创客空间功能得分表

创客空间名称	投资推广功能	设备及技能培训功能	联合办公功能
比特咖啡创客空间	7.43	5.04	6.31
前海厚德创新谷	5.78	4.28	6.78
微漾创客空间	4.42	3.42	6.88
中科创客学院	6.92	4.36	5.92

2.2 投资推广型创客空间内外部创新网络分析

投资推广型创客空间内调查到26家创客团队,总结其企业特征有以下四点:团队从事行业集聚程度高,55%的团队从事IT行业;一半以上的团队是通过朋友介绍入驻创客空间;扩展人脉是创客空间吸引团队入驻的主要因素,占比36.88%;成员之间相互认识的方式传统,50%以上的成员通过参与活动与日常闲聊认识。

2.2.1 投资推广型创客空间内部创新网络分析

(1) 整体性网络特征分析

从密度来看,投资推广型创客空间内产生的咨询网络、情感网络、合作网络密度值整体较低,说明三种联系发生得均不充分。由于创客空间成立的时间较短、入驻团队流动率较大,入驻投资推广型创客空间的创客团队之间的三类网络均较不成熟。相比三类整体网络密度,咨询网络密度略高于情感网络,合作网络密度最小,表明在投资推广型创客空间中创客团队之间的信息交流较为活跃,而合作活动较难发生在创客团队之间。

从整体网络中心势来看,情感网络的中心势最高,说明创客团队的情感联系发生在少数节点之间,网络集权现象明显,造成这种现象的主要原因在于仅有少数的团队会有合作联系。咨询网络的入度中心势最小,表明创客团队发出的咨询行为较为均衡,团队之间发生咨询行为较为容易。

(2) 创客空间对比分析

从两个案例的对比来看,比特咖啡内部形成的咨询网络、情感网络、合作网络密度均高于中科创客学院,相对应的网络中心势指标也高于中科创客学院。造成这样显著差异的原因主要有两个:第一,从工作环境来看,比特咖啡创客空间内部布局是开敞式卡位布局,团队之间日常接触较多,也会更有机会相熟悉,而且,比特咖啡创客空间拥有自己的咖啡厅,方便于举行讲座、创业分享会等活动,更加容易建立不同团队成员之间的相熟机会;而中科创客学院空间布局以玻璃小隔间为主,不同团队之间建立的联系较少;第二,从入驻企业需求来看,比特咖啡创客空间内入驻团队以移动互联网行业为主,其关注点更为多元,需要广泛的不同行业信息交流,而中科创客学院入驻团队以智能硬件开发为主,其更关注于本行业,所以对不同行业之间交流的需求较小;第三,被调查对象的个性差异也会造成这个现象(表4-4)。

表 4-4 投资推广型创客空间三类联系整体网络密度和中心势

	咨询网络			情感网络		合作网络	
	网络密度	入度中心势(%)	出度中心势(%)	网络密度	度数中心势(%)	网络密度	度数中心势(%)
比特咖啡	0.24	11.78	26.14	0.17	55.4	0.11	38.46
中科创客学院	0.1	17.1	17.1	0.08	22.31	0.02	28.06
投资推广型创客空间整体网络	0.17	14.44	21.62	0.12	38.85	0.07	33.26

2.2.2 外部创新网络分析

整合比特咖啡和中科创客学院入驻团队与外部生产性服务机构的联系情况,将入驻团队与生产性服务机构的联系建立 2-模网络,每个单独的企业构成纵坐标代表行动者,9 类生产性服务机构构成横坐标代表事件。

从结论来看,投资推广型创客空间入驻团队与生产性服务机构的联系紧密程度形成三个梯队:第一梯队中与银行、风险投资、会展机构的联系较为紧密;第二梯队主要是与法律机构、广告和市场研究、信息服务机构、研究机构/高校等生产性服务机构联系较多;第三梯队主要是制造业零售和产品保险相关生产性服务业(图 4-5,表 4-5)。

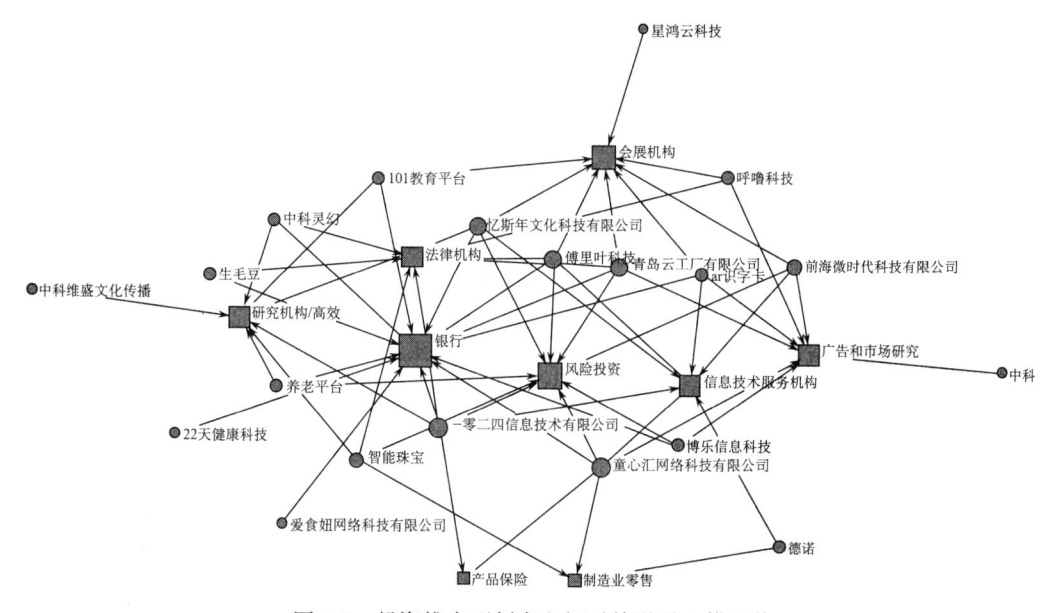

图 4-5 投资推广型创客空间对外联系 2-模网络

表 4-5 投资推广型创客空间入驻团队与生产性服务机构 2-模网络度数中心度

生产性服务机构	度数中心度
银行	0.65
风险投资	0.45
会展机构	0.4
法律机构	0.35
广告和市场研究	0.35
信息技术服务机构	0.35
研究机构/高校	0.35
制造业零售	0.15
产品保险	0.1

从生产性服务机构的分布来看,基本集中在南山区和福田区,从不同类型生产性服务机构距离创客空间的平均距离来看,银行、产品保险位于内圈层。会展、法律、信息技术服务、风险投资等位于中圈层,研究机构/高校、广告和市场研究、制造业零售则位于外圈层(图 4-6)。

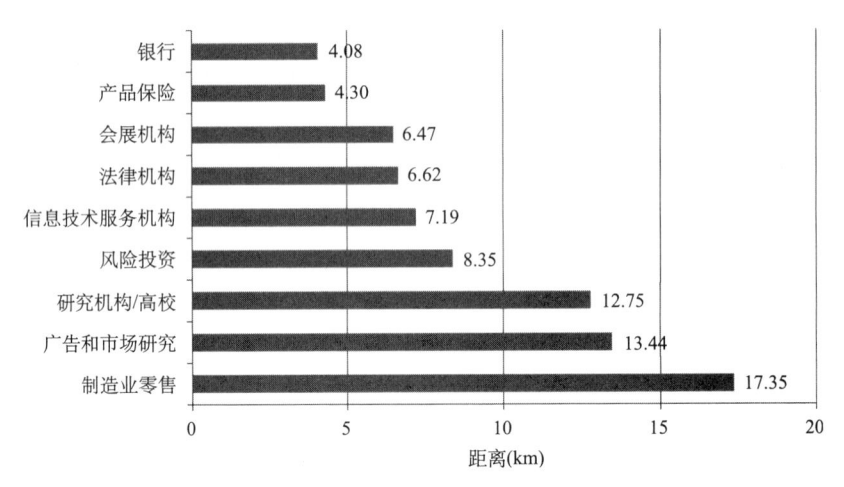

机构类型	距离(km)
银行	4.08
产品保险	4.30
会展机构	6.47
法律机构	6.62
信息技术服务机构	7.19
风险投资	8.35
研究机构/高校	12.75
广告和市场研究	13.44
制造业零售	17.35

图 4-6　入驻企业与生产性服务机构之间的平均距离

2.3　联合办公型创客空间内外部创新网络分析

2.3.1　内部创新网络分析

(1)整体性网络特征分析

从网络密度来看,联合办公型创客空间咨询、情感、合作整体网络密度绝对值较低,说明在创客空间中发生的频率不高,网络发生强度较低。具体来看,在联合办公型创客空间内入驻团队之间的情感联系密度最高,合作网络联系最少,表明在联合办公型创客空间内,创客团队之间较容易发生情感联系,难以发生合作关联,创客团队之间咨询行为也较少。

从网络中心势来看,咨询网络的入度、出度中心势最高,表明在联合办公型创客空间中咨询行为的产生较为集中在少数创客团队之间,造成咨询网络产生明显的向心趋势;情感网络与合作网络中心势分别为 26.59%、21.35%,表明情感交流与合作联系网络较为均衡,并未集中于少数创客团队。

(2)创客空间对比分析

对比前海厚德和微漾国际两个创客空间整体网络特征,前海厚德咨询网络、合作网络的网络密度与度数中心势均高于微漾国际,表明前海厚德创客空间中更容易发生咨询行为和合作行为,且这种行为网络有更为明显的趋向性。而微漾国际仅在情感网络密度一项数值中高于前海厚德,同时其情感网络的度数中心势低于微漾国际,表明微漾国际创客空间中的创客团队之间更容易发生情感交流,这种情感网络发生较为均衡,并不局限于少数创客团队之间。造成以上差异的主要原因在于以下两个方面：第一，入驻团队从事行业带来的潜在竞争程度不同。微漾国际入驻团队从事行业较为集中，同行之间存在的潜在竞争关系导致其相互之间合作与咨询联系并不紧密，而前海厚德入驻团队从事行业较为多样，团队之间基本没有竞争关系，由此能形成更好的情感网络联系；第二，入驻团队对于创客空间的主要利用目的不同。通过调研显示，前海厚德入驻团队认为扩展人脉资源与自由开放的工作氛围是吸引其入驻的最重要因素，前海厚德入驻团队更加看重与其他团队之间的人脉关系建立，而微漾国际入驻团队认为自由开放的工作氛围是吸引其入驻的最重要因素，对人脉关系的建立要求并不高（表 4-6）。

表 4-6　联合办公型创客空间三类联系整体网络密度和中心势

	咨询网络			情感网络		合作网络	
	网络密度	入度中心势（%）	出度中心势（%）	网络密度	度数中心势（%）	网络密度	度数中心势（%）
前海厚德	0.36	59.26	46.91	0.28	33.30	0.16	22.22
微漾国际	0.13	46.54	24.38	1.00	19.88	0.08	20.47
联合办公型创客空间整体网络	0.24	52.90	35.65	0.64	26.59	0.12	21.35

2.3.2 外部创新网络分析

整合前海厚德和微漾国际两个创客空间入驻团队与外部生产性服务机构的联系情况，建立 2-模网络以度数中心度表示入驻团队与生产性服务机构联系的类型差异。

从结果来看，银行、广告和市场研究、信息技术服务三类机构形成与入驻团队联系紧密的第一梯队；法律、风险投资两类机构成为第二梯队；会展、制造业零售、研究机构/高校、产品保险成为联系较少的生产性服务机构，位于第三梯队（图 4-7，表 4-7）。

表 4-7　联合办公型创客空间入驻团队与生产性服务机构 2-模网络度数中心度

生产性服务机构	度数中心度
银行	0.818
广告和市场研究	0.455
信息技术服务机构	0.455
法律机构	0.318
风险投资	0.273
会展机构	0.136
制造业零售	0.136
高校	0.091
产品保险	0.045

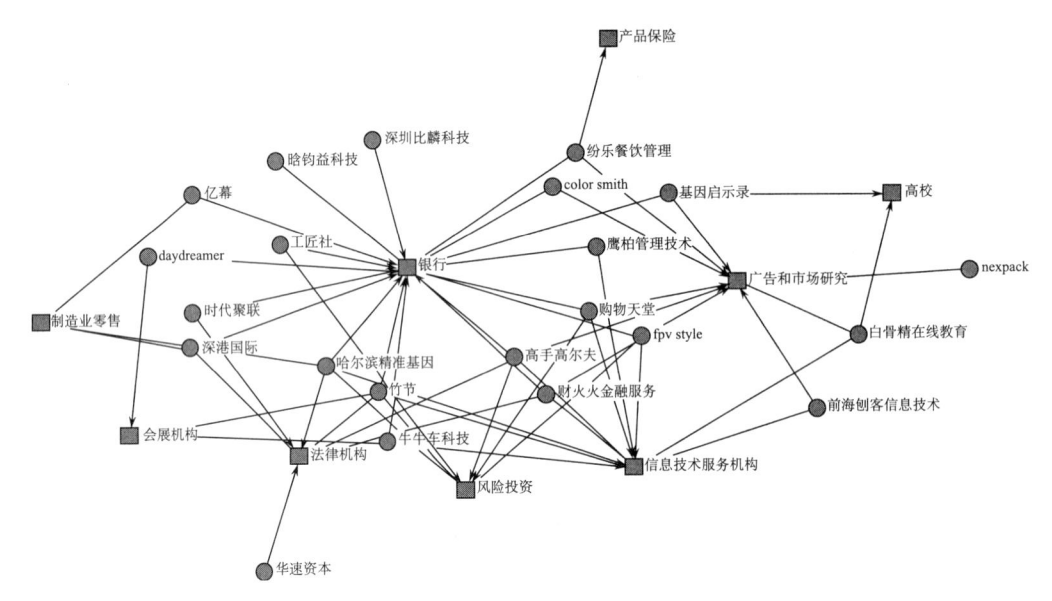

图 4-7 联合办公型创客空间对外联系 2-模网络

从生产性服务机构的分布来看，基本分布于南山区与福田区。从生产性服务机构距离创客空间的平均距离来看，银行、风险投资、信息技术服务三类机构位于内圈层，产品保险、广告和市场研究两类机构位于中圈层，法律机构、制造业零售、会展机构、研究机构/高校四类机构位于外圈层（图 4-8）。

机构	距离(km)
银行	1.75
风险投资	2.24
信息技术服务机构	3.24
产品保险	6.40
广告和市场研究	9.10
法律机构	12.75
制造业零售	16.47
会展机构	16.49
研究机构/高校	19.15

■ 入驻企业与生产性服务机构的平均距离

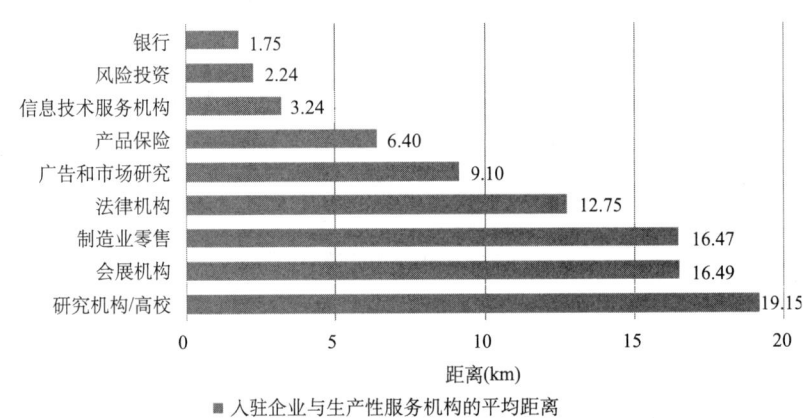

图 4-8 入驻企业与生产性服务机构之间的平均距离

3. 两种类型创客空间对比及原因分析

3.1 两类创客空间内部网络对比

投资推广型创客空间与联合办公型创客空间按照整体网络密度、度数中心势和中间中

心势指标、度数中心度指标对三个网络进行横向比较,结果显示:

(1)联合办公型创客空间的咨询网络、情感网络、合作网络密度值均高于投资推广型创客空间,说明在联合办公型空间中企业之间更容易发生咨询、情感和合作往来。从联合办公型创客空间内咨询、情感、合作三个网络的标准度数中心度、中间中心度都高于投资推广型创客空间,可对以上结论做佐证。

(2)在上述网络中,联合办公型创客空间内企业间的咨询网络有极高度数中心势,表明咨询网络有极强的向心趋势,说明咨询联系集中在多数企业与几个企业之间,咨询联系不均衡。投资推广型创客空间的咨询网络中心势最低,说明咨询行为较为均衡的分布于企业之间,没有形成强核心。

3.2 两类创客空间对外网络对比

通过对两类创客空间对外联系网络度数中心度结果分析显示:两者的相似点在于银行的度数中心度最高,说明与银行联系的企业最多;两类创客空间对于研究机构、产品保险和制造业零售三个生产性服务机构的需求较弱。差异在于以下两点:第一,在投资推广型创客空间对外网络的分析中,仅次于银行中心度的是风险投资机构,表征入驻团队的主要需求在于以上两类生产性服务机构,与基础调研中入驻团队较为认同从创客空间中得到了较多融资对接帮助的观点一致。相比于融资对接,外部会展机构和广告市场研究类机构与投资推广型创客空间中的入驻企业联系数量较少,联系程度弱,原因在于创客空间提供对外展示与宣传的功能,为入驻企业减少了与外部机构联系的成本。第二,在联合办公型创客空间对外网络的分析中,入驻团队与信息技术服务机构和广告和市场研究机构联系程度仅次于与银行的联系,表明投资推广型创客空间内较为缺乏信息技术服务与广告和市场联系方面的功能,而入驻团队需要从外部寻找(表 4-8)。

表 4-8 两种类型的创客空间内部网络对比

	投资推广型创客空间			联合办公型创客空间		
	咨询网络	情感网络	合作网络	咨询网络	情感网络	合作网络
整体网络密度	0.1679	0.12375	0.06895	0.24395	0.6389	0.1168
度数中心势	14.45%(出度)			37.03%(出度)		
	21.63%(入度)	38.36%	33.26%	54.28%(入度)	26.61%	21.35%

4. 投资推广型与联合办公型创客空间异同的形成机制

4.1 创客空间的构建机制

创客空间作为一种空间,具备承载流动要素的空间属性,而空间中行动者之间的相互作用与社会关系成为空间所承载的地方属性,两者共同构成空间的本质属性。首先,创客空间作为物质空间,由其所在的区位特征和相关利益方之间相互作用构成其空间特性,而这两个方面将受到区域发展条件的影响。其次,创客空间作为社会空间,其内部入驻企业(消费者)与其他企业之间的正式、非正式联系构成的社会关系构成其社会空间。社会空间的形成受中观因素——创客空间的运营模式与微观因素——入驻企业的需求两个方面影响。本次研究将从宏观、中观和微观三个层面分析不同类型创客空间的异同(图4-9)。

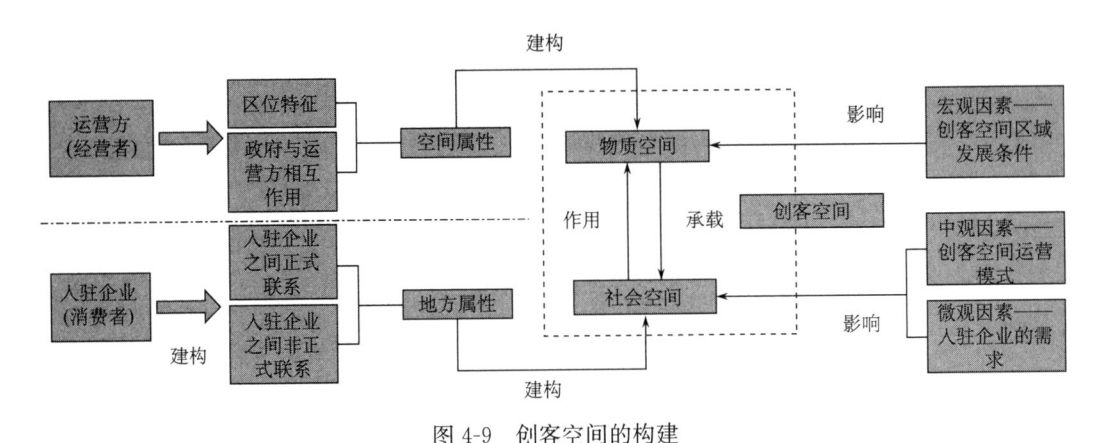

图 4-9 创客空间的构建

4.2 宏观层面——深圳市创客空间发展的区域因素

(1)政府政策的引导及支持影响。近些年来,深圳市已然成为中国的创新之都,深圳市政府对于创新的大力扶持,使得深圳市成为中国创新创业环境最好的城市之一。从2015年来,深圳市政府以大手笔为创客空间的引进与发展提供政策、财政支持,从物质层面为创客空间以及创客团队提供良好的工作环境。

(2)区域宏观产业布局影响。在上述政策支持下,南山区更是成为创新创业的排头兵。南山区重点发展IT、通信、新材料、新能源、生物医药、研发服务业、先进装备制造业等高新技术产业。依托于产业发展,南山区成立多个科技园区,如高新科技产业园(科技园)、软件产业基地、蛇口工业区、大学城产业园区、麻雀岭工业园、前海自贸区等。创客空间基于政策倾斜与产业发展,表现出了融合园区内的产业特点、利用园区外便利的生产性服务机构的明显选址倾向,使得大多数创客空间在这些园区中生根发芽。

综上所述,政策因素与区域宏观产业布局因素对于创客空间的选址产生重要的影响。

4.3 中观层面——创客空间运营模式影响

深圳市众多的创客空间都表现出各自的特色,这些特色表现在创客空间的内部空间排布、创客空间定位的不同、关注领域的不同、提供服务类型的不同、入驻企业类型的不同等很多方面,但这些归根结底是在运营模式上的差别,而运营模式的差别将造成投资推广型创客空间与联合办公型创客空间内、外部正式与非正式联系特征的不同。

对于投资推广型创客空间而言,其功能定位是在提供工作空间的基础上,主要为入驻团队提供直接投资或融资对接服务和团队推广宣传等服务,从而吸引需要这类型服务的创客团队入驻。但由于能提供其投资与投融资对接的领域有限,所以会对创客团队进行比较严格的筛选,入驻的团队集中在一些特定的领域,如 IT 行业、移动互联网领域等,然后通过对相关项目进行评估,由创客空间持有的创客基金直接投资或与为入驻团队推介外部的风险投资。而入驻于投资推广型创客空间的团队基本都具有相同的目的,在一定程度上是有竞

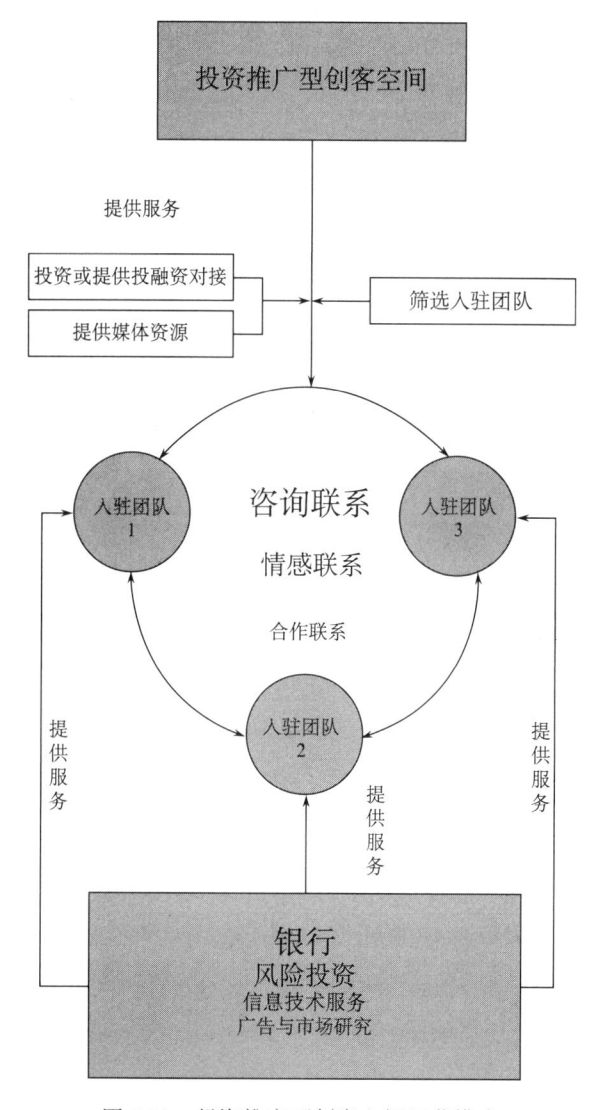

图 4-10　投资推广型创客空间运营模式

争关系,所有这些企业团队就很难与创客空间内的其他企业产生咨询联系、情感联系、合作联系。而在这三个网络中的咨询网络密度值较高的原因就在于团队之间会有比较多的对投资方面的信息的相互咨询,同时团队所处的行业相近,在技术或市场信息方面也会产生咨询行为(图 4-10)。

对于联合办公型创客空间而言,为入驻团队提供低成本的、开放自由的工作空间与工作氛围是其主要目的,而有关于投资、技术培训、媒体资源等方面的社会资源的提供相对较少。所以对于入驻团队的行业要求标准较低,最后形成不同行业的创客团队集聚的空间特征。团队之间的目的各有不同,团队之间没有太多的竞争压力,有助于形成较为自由的工作氛围,团队员工能够跨越合作企业成员的文化和心理障碍产生更多的情感联系,进而产生基于信任的合作关系(图 4-11)。

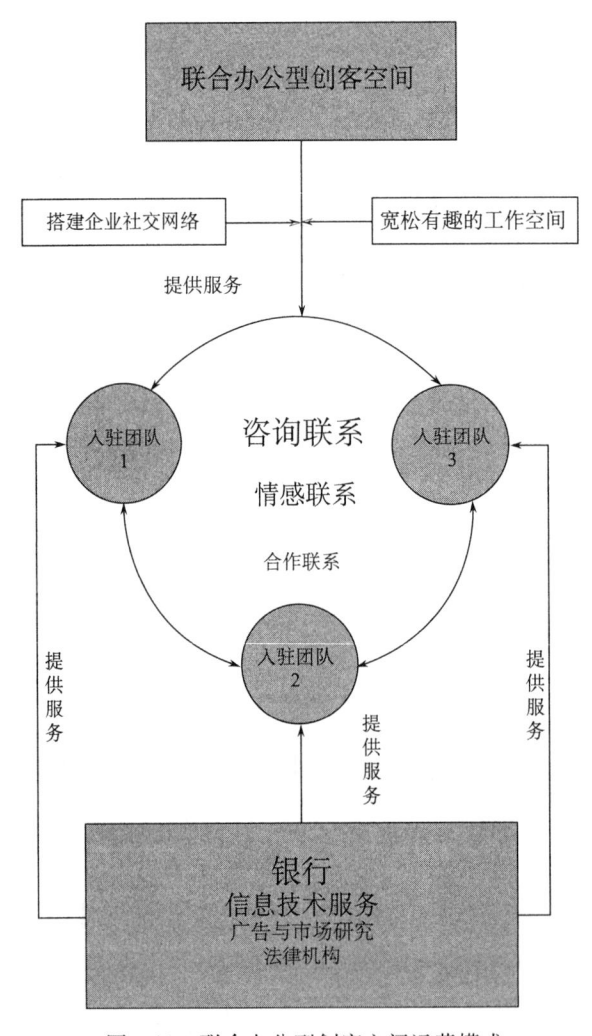

图 4-11 联合办公型创客空间运营模式

综上所述，虽然创客空间的运营模式具有一个基本相似的框架，但是很多细节存在很大变化的可能，由此而产生不同类型的对外网络与对内网络的创客空间。

4.4 微观层面——入驻企业需求影响

入驻企业的需求是其入驻不同类型创客空间的根本原因，而这也是创客空间类型进行分化的核心动力。

对入驻投资推广型创客空间的团队而言，这些团队处在企业成长的最开始阶段，还需要大量的社会资源的支持。在企业的初期，资金支持是最为迫切且重要的社会资源。创客空间由于其自身的组建就背靠大公司或者多个公司联合而形成，在资金投入方面有天然的优势，所以入驻投资创客型团队对于企业成长是有着一定的加速作用。而入驻联合办公型创客空间的团队，其自身的发展较为成熟，已经形成了企业所需要的一定的外部社会资源，大部分团队最初的创新想法已经落地，企业发展已逐渐走向正规化，所以相比于资金、设备等社会资源需求，团队对于低成本的工作空间、开放自由的工作氛围有了比较高的要求，这就需要创客空间在这方面提供更好的服务。而在这样的需求引导下，创客空间的工作氛围越来越适宜于人与人之间的交往，从而在联合办公型创客空间内更加容易形成多样的正式与非正式联系网络。

5. 结论与讨论

本次研究主要结论有以下两点：

第一，对于投资推广型创客空间而言，入驻企业规模较为均衡、行业分布集聚，同时入驻的主要目的是寻找合作伙伴和投资人，对于人脉资源的需求最大，所以对投资型创客空间内的入驻企业来讲，银行、风险投资机构成为其对外联系的核心企业。其内部网络分析结果显示，在投资推广型创客空间中企业之间最容易发生咨询行为，由于投资推广型创客空间内的企业目标基本一致，相互之间具有一定的竞争性，所以空间内企业之间比较难以发生合作联系。

第二，对于联合办公型创客空间而言，入驻企业规模分布不均衡，行业分布聚集程度低，但有较丰富的行业多样性，企业发育程度良好，企业形态较为成熟。入驻企业对于创客空间的需求在于提供良好的工作环境与自由开放的工作氛围，所以相比于投资推广型创客空间，联合办公型创客空间中容易发生咨询、情感以及合作联系，而且入驻企业之间最容易建立情感联系，核心企业在一定程度上能影响其他企业之间的情感联系的形成。而企业与生产性服务机构的联系中，与银行、信息技术服务机构、广告和市场研究以及法律机构联系较多。

通过对深圳市创客空间的调研，发现目前创客空间存在低门槛蔓延和本地化两方面问题:一方面,目前趁着这股创新创业热潮,创客空间在数量上正在飞速发展,2015 年深圳就有近百家创客空间成立,但调研过程中能看到大量的创客空间入驻率较低,说明当前深圳市的创客或创业团队预想的多,创客空间急需理性发展,政府方面也需实行精细化管理;另一方面,部分创客空间是将前几年热门的"孵化器"改头换面形成了"全新"的创客空间,过分模仿国外创客空间的空间形式而对其内涵并没有深入认知,创客空间急需与中国文化相结合形成"地方化"特色。

(备注:本文主要内容源于:裴亚新、周素红、李骞:"创客空间入驻团队的联系网络特征及其形成机制研究",《规划师》,2019 年,第 1 期,第 63～70 页。)

参 考 文 献

[1] 李二玲、李小建:"基于社会网络分析方法的产业集群研究——以河南省虞城县南庄村钢卷尺产业集群为例",《人文地理》,2007 年,第 6 期,第 10～15 页。
[2] 潘峰华、赖志勇、葛岳静:"社会网络分析方法在地缘政治领域的应用",《经济地理》,2013 年,第 7 期,第 15～21 页。

结　　语

"大数据"与"互联网+"背景下催生的"众包、众筹、众创"等新的理念,正成为社会经济组织模式转型的新动力,推动新一轮规划管理模式的转型。具体而言,"众包"理念催生了海量自下而上的公共服务个性化需求与新型的公众参与,给规划管理带来新的理念、机遇与挑战;"众筹"理念为规划建设及城市开发的运营管理带来新的可能;"众创"理念正催生新的创新网络与创新空间的产生。如何有效地应用新理念、调适现有的规划管理思路、制定有效的规则、优化公共服务配套,公共空间设计以及项目组织等城市建设管理模式、降低和规避潜在的风险是规划领域迫切需要解决的问题。

一、众包、众筹、众创的内涵及表现

众包、众筹、众创理念的共同特点是利用互联网和相关技术手段使信息透明化、交易可视化、反馈即时化,实现公众自愿共享信息和要素、自下而上自主监管,在一定程度上有助于提高社会资源的使用效率。

众包是将特定的任务,通过某种规则和激励机制,利用网络分发给公众,在供需双方信息共享的基础上,公众自愿自主接单完成任务并获得相应的回报。众包理念的引入,给规划编制和管理带来一系列新的改革。例如由以往政府对城市各类问题自上而下的自查自管转变为更及时的众查众监督;由以往规划编制过程中有限群体的被动参与转变为更广泛群体的公众主动参与;由以往相对单一的公共服务供给模式转变为更多元的服务众包模式等。

众筹原意指筹资人通过互联网平台发起一些项目,吸引出资人融资并获得相应的预期回报,后延伸针对某项目面向公众筹资或者筹物的过程。例如对某些公共产品的众筹捐赠或者众筹回报;对某些活动(如建房)的众筹模式等。

众创源于李克强总理在2014年9月夏季达沃斯论坛提出"大众创业"和"万众创新"等提法。是通过提供某些条件,如信息、空间、设施、教育培训资源等激发公众创造激情和培养创造能力,培育创新型产业,促进产业转型。目前已催生出部分新的业态和空间,例如城市中产生一些新的众创空间、新的行业和就业群体、新的生产组织模式等。

三者尽管内涵存在差异,但存在以下共同点:一是利用互联网实现更广泛的参与、更透明的信息、更通畅的沟通渠道和更实时的反馈等;二是遵循公众自下而上,自愿参与的原则;三是受众面广,联动效应大。因此,借鉴这些新理念,若应用和引导得当,将有助于提高政府管理和服务效能、更好地满足公众需求等。例如政府将非核心的公共服务通过各种模式众包给社会去做,既可以降低行政成本,减少以权牟利和腐败交易倾向,又有利于打破政府、事业单位和国有企业对大多数公共服务的垄断局面,降低社会组织从事公共服务的门槛,改善公共服务质量,更好地满足公众的个性化需求。但由于目前政府对新的理念缺乏及时的调适和应对,也因此产生一系列问题。

二、目前面临的主要问题

(1) 规划编制和管理的社会公平问题

作为一项公共政策,规划的重要前提是公平性。在依托互联网的众包规划模式下,个人对信息供给的贡献越大,其获得的反馈机会也越大。这种机制存在潜在的对弱势群体和他们所在地区的社会排斥和空间排斥问题,进而有悖于学术研究和规划的价值取向。截至2014年12月,我国互联网普及率为47.9%,对于不熟悉电脑操作的老年群体、缺乏网络设施的低收入群体以及欠发达地区的农村居民等,他们在众包应用的推广下可能无法表达自己的诉求,特别是与自身息息相关的规划项目,新一轮的信息不对称可能会造成新的社会不公平。

(2) 决策偏差问题

众包是一种志愿行为,众包的参与者不一定能够代表全体市民,基于众包数据所做的规划研究、决策可能会产生偏差。一方面,众包模式的优势在于集体智慧和群体创造力,但同时也存在群体的盲目性或者被利用引导而产生决策偏差问题。另一方面,该模式虽然更容易获得公众的回应和关注,产生更多的信息和思路,但是不同利益主体的博弈可能导致问题更难达成共识。

(3) 更广泛公众参与的管理效能问题

新的理念下,公众参与政府公共管理的渠道更加多元。如何在有限的人力物力前提下解决日益多元和大量的来自公众反馈的信息和意见、如何应对信息的碎片化和管理的碎片化问题、如何有效地疏导和正确引导社会矛盾和舆论、如何应对各类突发事件,减少负面影响等成为政府亟需在机制上考虑和解决的问题。

(4) 行业监管模式的转型问题

新的理念将催生新的行业监管模式,需要政府及时应对。以出租车管理为例,专车(如优步)的出现,改变了以往政府为主导的对特定行业自上而下的层级监管体系。专车通过基于互联网的软件平台,构建了自组织"大众监督"的监管机制,一定程度上降低监管成本,提高监管的时效性。但是,随之而来的是对已有管理体系和出租车运营体系的冲击,出现诸如出租车司机罢工、专车司机漏税、个人信用体系不完善、大量外地专车进入城市而造成更严重的拥堵等问题。

（5）众筹的风险防控问题

作为新的理念,由于缺乏相应的应对措施和管理规则,不可避免面临一系列潜在的风险,特别是众筹模式下如何监管、如何规避风险的问题。

（6）众创空间的组织模式和规划应对问题

在众创背景下,是否催生一系列新的城市空间组织模式？会不会产生一些新的社会空间、产业空间与公共空间？传统的土地利用规划和控制管理如何适应新的空间需求等成为规划和管理面临的问题。

三、规划管理转型与应对

在城市规划管理理念与机制上需要转变规划编制方式和政府管理模式,实现由封闭式信息系统向开放式信息互通共享的服务型政府转型、由条块分割的职能管理向综合协调管理机制转型、由封闭式"经验决策"向参与式"智能决策"转型以及由单一主体固化管理服务向多元主体共同提供服务转型。具体包括：

（1）充分"众包"社会大数据

在数据资源战略上,要不断完善国家和地方层面的大数据资源储备。积极利用微博、微信等新媒介,发挥云计算、物联网、移动 APP、维基技术等等新兴前沿技术的作用,智能高效地"汇聚"社会大数据,进一步发展和升级现有的规划编制和管理模式,不断完善公共参与的渠道和平台,包容性接纳进步的声音和意见,加强舆情引导和社会互动。

（2）调动大众积极性,形成新的规划编制方法

在城市规划管理过程中应该充分调动大众的积极性,鼓励和促进多元治理主体在信息贡献方面的积极性和效率性,这就需要良好的激励措施,鼓励和引导良性的公众参与,并在此基础上,探索新的编制办法,特别是现状分析、决策模拟、参与式规划以及规划评估等。

（3）转变规划理念和完善规划管理体系

改变以往过度强调功能分区的规划理念和编制依据,探讨新的众创空间及可能的混合土地利用模式；贯穿落实真正以人为本的规划设计理念；摒除包揽一切的固化思维,适度合理地向多元主体放权,进一步厘清政府有所为与有所不为的边界,通过制定相关的规则和政策,引导和规范多元主体市场化或公益化的治理行动。与此同时,制定引导众包、众筹和众创理念的一系列规则和完善政策管理体系。

众包、众筹、众创理念给规划管理带来新的机遇和挑战,审视其潜在的问题,构建基于共享理念的研究体系、规划编制体系和管理体系,将有效促进规划管理的良性发展。

(上述主要内容源于:周素红:"规划管理必须应对众包、众筹、众创的共享理念",《城市规划》,2015年,第12期,第96~97页)

本书是2015中国城市规划年会"众包、众筹、众创:规划管理做什么"自由论坛的专家发言实录以及相关专题研究,傅辰昊、裴亚新、彭伊侬、张济婷、何嘉明、谢蔚翰、宋江宇、文萍、宋广文等协助论坛组织、会议现场录音及文字资料整理和稿件校对等工作,笔者在此一并致谢!